좋은 도시 만들기 프로젝트

도시, 발칙하게 상상하라

좋은 도시 만들기 프로젝트

도시, 발칙하게 **상상**하라

펴낸날 | 2014년 2월 17일 초판 1쇄
2016년 11월 1일 초판 2쇄
글·사진 | 제종길

펴 낸 이 | 조영권
만 든 이 | 김원국, 노인향·박수미
꾸 민 이 | 강대현

펴 낸 곳 | 자연과생태
주소 _ 서울 마포구 신수로 25-32, 1층
전화 _ (02)701-7345-6   팩스 _ (02)701-7347
홈페이지 _ www.econature.co.kr
등록 _ 제2007-000217호

ISBN: 978-89-97429-38-7   03330

좋은 도시 만들기 프로젝트

도시
발칙하게
상상하라

글 · 사진 제종길

자연과생태

상상력이 만들어 내는
좋은 도시

이 세상 누구나 좋은 곳에서 살기를 꿈꾼다. 그러나 자신이 살던 곳을 좋은 곳으로 만들려는 꿈은 잘 꾸지 않는다. 때로는 좋은 곳으로 이사하는 것보다 살고 있는 마을이나 도시를 가꾸어 살기 좋게 만드는 것이 더 쉽다. 글쓴이는 살고 있는 도시를 좋은 곳으로 바꾸는 꿈을 오랫동안 꾸어왔다. 그 시점이 안산의 시민단체 여러분들과 '시화호 생태공원안'을 만들 때부터인지, 필리핀 마닐라에 있는 동아시아해양환경협력기구(PEMSEA) 본부에서 시화호 수질관리 방안을 발표하면서 "여러 사람들이 꾸는 꿈은 현실이 됩니다."라고 말하고 나서부터인지, 유럽과 미국의 작고 예쁜 마을들을 보고나서 인지 정확치 않다. 분명한 것은 적어도 10년은 훨씬 넘은 꿈이라는 점이다.

2006년 초에 싸이월드에서 '안산, 예쁜 도시 만들기'클럽을 만들면서 이 꿈은 보다 구체화 되었다. 클럽 창에는 클럽지기인 글쓴이가 다음과 같은 글을 실었다.

"안산은 참 좋은 도시이지만 오염이 줄고 도시가 좀 더 예뻐지면 어떨까라는 생각을 늘 합니다. 공원에는 우리 지역의 옛 마을 입구나 주변에서 자생하던 나무가 크게 자라 숲을 이루면 좋겠습니다. 조금만 노력한다면 거리의 화단에서 사철 들꽃을 피우게 될지도 모릅니다. 그러면 시내에서도 나풀나풀 날아다니는 나비와 벌, 잠자리를 볼 수 있겠지요. 또 새들이 둥지를 틀 것이라 생각합니다. 잘 디자인 된 간판과 상가 그리고 집과 가게 앞에 작은 화분이나 화단이 있다면 우리 도시 시민들의 심성도 더 고와지겠지요. 산책하고 싶은 그리고 볼거리가 많은 테마거리도 많아지면 참 좋겠습니다. 그러면 우리 도시로 옮겨오고 싶은 작은 회사들이 많아질 것이고, 자연히 일자리도 늘 것입니다. 그리고 어려운 시민들이 많은 동네의 다세대 주택을 리모델링하거나 오래된 곳은 조금 높은 건물로 바꾸면서 주차장을 늘리고 소공원을 만드는 일이 불가능하지 않습니다. 빈집은 누군가가 구입해 복지관련 사무실이나 작은 도서관을 만들고, 다시 색칠해주는 운동을 하면 우리 도시가 꽤 예뻐지지 않을까요? 그러면 우리 모두 안산에 오랫동안 살고 싶어질 것입니다."

어쩌면 순진하다 싶은 이 글에 나타난 생각은 도시에 관한 짧은 글을 〈안산 타임스〉에 연재하면서 보다 구체화되었다. 꿈이나 상상 속의 것은 대개 엉뚱하기 마련이다. 하지만 이런 상상은 기존의 것들에는 없는 것이기에 발전과 도약 그리고 변화의 원동력이 된다.

그래서 상상력은 지역의 역량이라고 할 수 있다. 다소 엉뚱하고 발칙하기까지 한 상상은 자유롭고 소통이 잘 되는 사회에서 더욱 확장된다. 이런 상상이 문화가 되고 재미까지 있으면 도시는 점차 살기 좋은 사회가 될 것으로 믿는다. 한 도시나 나라의 경제력이 반드시 행복의 정도를 좌우하거나 즐겁고 편안하며 자유로운 분위기까지 만들어 주는 것은 아니기 때문이다.

이 책의 소재들은 안산에서 비롯한 것이지만 다른 도시에 적용해도 전혀 무리가 없을 것이다. 어떤 도시에서나 발생할 수 있는 일상적인 문제들이거나 도시의 정의와 여러 도시의 사례들을 다루었기 때문이다. 글을 쓴 시점도 과거가 많지만 경향이 비슷한 경우에는 그대로 두었고, 현황을 적어야 할 때는 원문을 살리고 각주로 보완했다. 끝으로 다소 발칙한 주장들을 연재하게 허락한 〈안산 타임스〉의 여종승 사장과 박현석 편집국장에게 감사한다. 그리고 거친 원고를 잘 다듬고 디자인해 책의 모습으로 변화시켜 준 도서출판 〈자연과생태〉의 조영권 대표와 직원들에게도 고마운 마음을 전한다.

2014년 2월
제종길

도시의 미래를
상상하는 힘

10여 년 전, 환경운동을 하면서 알게 된 제종길 박사는 당시 국회의원이었으며, 아주 겸손하고 부드러운 모습이 인상적이었다. 나는 온화하면서도 어떤 일을 시작할 때는 추진력이 강하고, 아주 탄탄한 이론적 배경을 갖춘 그를 존경했다. 최근에 그는 내가 수강하는 서울대학교 환경대학원 도시환경최고위과정의 주임교수여서 이야기 나눌 기회가 많았다. 그러던 어느 날 그가 차 한 잔 하자며 가제본된 책을 가져왔다. 책의 제목은『도시, 발칙하게 상상하라』였다.

책을 읽으면서 놀라움을 감출 수 없었다. 실은 나도 서울연구원 원장으로 일하면서 이와 비슷한 콘셉트의 책을 내야겠다고 생각하던 중이었는데, 내가 이야기하려던 많은 생각의 단초들이 그대로 담겨 있었기 때문이었다. 특히 하버드대학의 에드워드 글레이저가『도시의 승리』에서 "도시는 인간이 만들어낸 최고의 발명품"이라고 말한 것을 인용한 글을 읽고 저자가 도시에 대한 창조적 발상을 하고 있다는 것을 알 수 있었다. 세계는 상상하는 사람의 몫이라고 한다. 과학의 발전 방향이 백여 년 전 과학소설의 내용과 연관성이 깊다는 말처럼, 사회의 변화 방향도 상상하는 사람의 몫이며, 도시도 마찬가지인데, 저자가 바로 도시에 대한 남다른 상상의 힘을 갖고 있었던 것이다.

도시는 맥락 속에서 이해되어야 한다. 도시가 어떠한 자연환경 속에 놓여 있는지, 어떠한 사회적 조건에 놓여 있는지에 따라서 도시문제를 풀어가는 방식이 달라진다. 지리적으로도 해안도시와 산악도시, 적도의 도시와 북극권의 도시가 다르며, 아울러 어떠한 사람들이 모여 사는지 즉, 문화적 다양성과 역사적 맥락에 대한 이해도 중요하다.

그런 면에서 이 책은 안산시의 자연 환경과 사회적 환경을 맥락적으로 잘 이해하고 있다. 대부도, 풍도, 광덕로, 단원전시관, 시화호, 황해, 해안도시라는 키워드들이 안산시의 도시문제를 풀어보려는 노력을 그대로 보여준다. 안산이라는 도시를 도시의 맥락 속에서 상상하는 힘을 갖고 있으며, 이것이 도시를 바꾸고 시민들에게 행복한 미래를 선물해줄 것이다. 그러한 저자의 꿈이 안산의 미래와 잘 접목되길 기대한다.

서울특별시 서울연구원 원장
이창현

차례

도시 읽기

도시 비전 찾기

도시 살펴보기

도시 읽기

도시의 승리,
과연 맞는 말인가?

　　인류는 끊임없이 자연 보전과 도시 형성 사이에서 발생하는
문제를 겪어왔다. 원시 부족사회를 도시라고 할 수 없지만 자연 훼
손 없이는 취락 조성이 불가능했을 것이다. 그러다가 인구가 한 곳
으로 집중되면서 점점 도시 형태를 띠기 시작했다. 도시의 성장은
자연 축소와 파괴를 필연적으로 동반했으며, 전원으로 돌아가고
싶어 하는 사람들이 생겨나고 도시의 여러 문제에 대해 심각하게
우려하는 전문가들도 많아졌다.

　　그런데도 도시가 성장을 멈추지 않는 이유는 무엇일까? 아마도
도시에서는 학업이나 일자리, 문화, 유행을 접할 수 있는 기회가
많기 때문일 것이다. 오늘날 전 세계 인구 절반 이상이 도시에 살
고 있다. 우리나라도 인구 50퍼센트 정도가 수도권에 살며, 70퍼
센트* 는 대도시에서 생활한다.

　　2011년 2월, 도시경제학 분야 권위자인 하버드대학교 에드워

---

* 현재 우리나라 도시화 비율은 약 91%로 세계에서 가장 높은 편에 속한다.

드 글레이저Edward Glaeser 교수가 펴낸 『도시의 승리Triumph of the City』는 출간 되자마자 베스트셀러가 되었다. 저자 는 도시는 더럽고, 가난하며, 범죄 소 굴이고, 반反 환경적인 곳이라는 편견 을 뛰어넘어 도시가 인류 최고의 발 명품이라고 주장하며, 도시의 가치와 미래를 재조명했다. 그리고 한 국가 와 개인의 성공은 도시의 건강과 부富 에 달려 있다고 단언했다.

예를 들어 뉴욕시에 사는 사람들이 다른 지역 미국인들에 비해 심장병과 암에 걸릴 확률이 더 낮으며, 미국인들이 벌어들이는 소 득 중 절반 이상이 22개 대도시 지역에서 나온다. 저자는 흔히 도 시가 사람들을 빈곤하게 만든다고 생각하지만 이는 도시가 가난한 사람들을 끌어들이기 때문이라고 반박한다.

또한 도시 빈민은 시골 빈민과 비교했을 때, 더 부유하고, 위생 적이며 보다 많은 기회를 얻을 수 있다고 말한다. 한때 퇴락했던 런던 같은 도시가 새롭게 부상하는 점을 예로 들며, 이제 도시는 생활을 즐기는 공간이자 아이디어와 자본이 순환하는 창의적 공간 으로 변모하고 있다고 주장했다. 저자에게 도시는 건강과 행복, 번 영의 장소인 것이다. 또 저자는 도시가 발전하면 환경보호에도 긍정적으로 작용한다고 생각한다. 사람들이 도시 중심으로 모여 살면, 자연 가까이에서 사는 사람들이 줄어들어 자연 보존 기회가 높아진다는 말이다.

그렇다고 도시가 다 좋다는 것은 아니다. 이 책에서는 도시 과밀화, 건축, 복지, 환경 문제를 어느 정도 해결해야 도시와 자연, 두 마리 토끼를 다 잡을 수 있다고 결론 내린다. 이 결론은 유럽의 많은 도시들이 정책적으로 지향하는 콤팩트 시티 개념과도 일맥상통한다. 콤팩트 시티는 도시 내부의 고밀도 개발을 통해 현대 도시가 가지고 있는 다양한 문제를 해결하고, 생태·사회·경제적 성과를 함께 도모하는 형태다. 따라서 도시를 개발하는 것으로 도시 내 문화와 자연을 최대한 보전하고, 시민들 삶을 최대한 편안하게 하는 개념으로 이해하면 된다.

서울 서초구가 콤팩트 시티로 개발한다는 소문이 나자 폭발적으로 관심이 쏠렸다는 기사가 있었다. 밀도가 높고 규모로도 대도시 급인 안산도 콤팩트 시티를 지향하는 건 어떨까?

문제는 일자리야,
바보야!

"문제는 경제야, 바보야!'the economy, stupid!'"는 미국 대통령 선거 전에 쓰였던 구호다. 1992년 선거에서 상대방에게 지지율이 한참 밀리던 클린턴의 선거 캠프에서 내건 구호 세 개 중에 하나로, 당시 미국의 경제 상황이 어려운 때라 경제가 문제라는 구호가 유권자의 마음을 파고들어 승리에 크게 기여했었다는 평가를 받았다.

최근 주요 일간지에는 한국이 OECD 국가 중에 청년고용률이 가장 낮다는 기사와 칼럼들이 자주 등장한다. 이 내용들을 종합하면 OECD 국가의 평균 청년고용률은 43.7퍼센트이고, 가까운 일본도 41.4퍼센트나 되는 반면에 한국은 23.8퍼센트에 불과해 최하위권에 속했다. 청년 네 명 중 한 명만 취업자라는 이야기다. 그리고 졸업 후 5년간 취업하지 않고 교육 및 직업훈련도 받지 않는 니트족 비율이 한국은 36.8퍼센트로 조사되었다. 이 수치는 OECD 국가들 중에서 가장 높았고, 청년실업이 장기화될 가능성을 암시하는 결과라고 했다.

청년실업 문제는 어제 오늘의 일이 아니지만 이렇게까지 심각한 줄은 몰랐다. 신문을 보면 청년층은 취업한 이후에도 고용불안감을 느껴 이직을 준비하는 비율이 높다. 이는 우리 사회에 청년들이 희망하는 좋은 일자리가 없다는 것을 보여준다. 2008년 안산시 통계연보에 따르면 안산의 제조업체는 2,090개인데, 이 가운데 50인 이하 기업은 90퍼센트에 가깝고, 300인 이상의 기업은 25개뿐이었다. 거의 대부분이 중소기업이었다. 더군다나 제조기업체 수나 종사자 수는 계속 줄고 있었다. 우리 사회에서는 중소기업들이 일자리의 80~90퍼센트를 만들어 낸다는 것을 감안한다면, 안산의 중소기업에 대한 정책의 중요도와 정책 우선순위가 어떠해야 하는지 알 수 있다.

중소기업에서도 실력 있는 젊은 일꾼들을 찾고 있으나, 청년들이 중소기업을 찾는 일은 매우 드물다. 일자리 미스매치mismatch가 계속되고 있는 것이다. 청년들의 자세에 대해서 지적하는 이들도 많으나 대기업 대비 중소기업의 임금이 1983년에는 93퍼센트, 1990년에는 74퍼센트, 2000년에 68퍼센트로 낮아졌고, 최근에 50퍼센트라는 점을 고려하면 청년들의 직업관만 탓할 일이 아니다. 이 문제는 현 중앙정부의 정책 우선순위에서도 밀리니 당분간 중소기업에 대한 청년들의 기대가 향상될 것이라 기대하기는 어렵다.

따라서 이 시대 최고의 문제는 청년실업, 일자리 문제다. 일자리가 없다는 것은 개인에게 엄청난 불행일 뿐만 아니라 가족들의 삶도 황폐하게 만든다. 이는 사회의 양극화를 확대해 다수 서민의 소비는 위축시키고, 일부 계층의 소비 경향만 강조되어 소비구조의 불균형을 초래한다. 나아가 소비구조가 왜곡되면 내수 경제 전반에 악영향이 미쳐 일자리를 감소시키는 악순환 구조가 형성된다. 한 번 형성된 구조는 쉽사리 풀리지 않는 것이 문제다.

행정복합도시인 세종시와 공공기업 지방이전에 대한 정당, 정파 간의 논쟁도 알고 보면 일자리 문제가 크다. 자족도시의 기본은 일자리이기 때문이다. 즉, 좋은 일자리를 가진 기업이나 기관 유치가 도시 성공의 관건이다. 비단 세종시가 아니라, 어느 도시든 발전하려면 좋은 일자리가 많아야 한다. 우리나라 지방도시에서는 일자리가 줄자 젊은이들이 더 큰 도시로 떠나며 점차 쇠락하는 현상이 다반사다. 안산은 수도권에 위치한 덕에 인구가 감소하지 않지았만 내용을 들여다보면 이와 크게 다르지 않다.

행복도시를 추구하는 안산시는 더 큰 건물과 더 큰 규모의 사업을 추진하기 이전에 시민, 특히 청년들이 취업할 수 있는 일자리 수를 정확하게 파악하고, 지역의 중소기업을 살리는 일에 매진해야 한다.

주민이 떠나지 않는
재건축이 필요하다

　　재건축과 재개발사업은 사람들, 특히 서민들에게는 새집 마련의 꿈을 가져다주는 사업이다. 주거환경이 일시에 개선되고, 지금보다 훨씬 큰 평수의 집에 살 수 있을 뿐만 아니라 자산가치도 덩달아 상승하기 때문이다. 그래서 사람들은 각종 선거에서 이런 사업을 추진해줄 것 같은 정당과 정치인에게 아낌없이 표를 준다. 지난번 총선에서도 이러한 심리를 자극하는 선거 캠페인이 줄을 이었다.

　　재개발사업인 서울의 뉴타운사업과 안산의 여러 곳에서 추진되는 재건축사업도 그런 사업들이다. 재개발사업은 공공에서 추진하는 것이고, 재건축사업은 민간이나 조합을 결성해 추진하는 사업이라는 점과 조합원 요건만 다를 뿐 기본 추진 형태는 크게 다르지 않다. 재건축은 주택건설촉진법상 노후 · 불량주택 소유자들이 대개 자발적으로 조합을 결성해 신규 주택의 건립을 추진하는 민간

주택건설사업이다. 즉, 주거환경 개선을 위해 오래된 공동주택을 허물고 새로 아파트를 짓는 것이다.

다시 말하면 현재 살고 있는 땅과 집을 내주고, 철거한 집보다 훨씬 많은 수의 가구가 입주할 수 있는 아파트 단지를 지어 분양하는 방식이다. 그래야 건설에 따른 이익금이 발생한다. 이때 이익이 생기면 당연히 주민들에게 돌아가지만 분양되지 않거나 분양가가 지나치게 비싸면 그에 따른 피해와 부담도 고스란히 주민들의 몫이 된다. 이 대목에서 눈여겨보아야 할 것은 대부분의 아파트는 철거 이전의 주택보다 가치가 큰 평수의 아파트가 지어진다는 점이다. 그러므로 주민들은 분양권에다 꽤 많은 돈을 추가해야 실제 입주가 가능하다. 재건축이란 일반적으로 서민이 많이 사는 지역에서 추진되므로, 원주민이 새 아파트에 입주하는 비율은 낮아진다.

수도권의 경우 재건축에서 원주민의 재정착률은 40퍼센트 이하이고, 뉴타운사업은 이보다 훨씬 낮은 20퍼센트 대다. 더 큰 문제는 세입자와 임차해 장사를 하는 영세 자영업자들이다. 이들은 재건축으로 살던 곳을 떠나야 하고, 일시에 영업 터전을 잃게 된다. 물론 보상이야 받겠지만 새로 지어질 아파트로 입주하는 경우는 아주 드물다. 또한 분양권을 가진 주민들도 다 입주하지는 않는다. 입주부담금을 감당할 수 없어 얼마간의 차액을 남기고 전매를 하기 때문이다. 이로써 재건축사업으로 새로운 주거환경을 맞이하는 기쁨을 누릴 수 있는 주민은 적다는 결론에 이른다. 재건축의 또 다른 모습은 정든 이웃과 이별하고, 적어도 십 수 년 동안 유지되던 지역 공동체의 붕괴다.

이런 문제를 극복하고자 대전시는 2009년 7월 '2020 도시 및 주거환경 정비 기본계획' 수립에 착수하면서 설명회를 가졌다. 기존의 재개발 사업을 '원주민 정착형'으로 개선하는 것을 골자로 했다. 원주민 정착률 제고를 위해서는 영세 서민과 세입자가 입주할 수 있도록 임대주택과 소형 평 등 서민용 아파트 공급을 확대하고 부분 임대형 아파트, 도시형 생활주택, 소규모 블록형 주택 등 주택 유형을 다양화할 방침이라고 했다.

안산시는 현재 많은 곳에서 재건축사업을 추진하고 있으나 대전시의 기본계획처럼 제도화하지는 못했다. 지금의 사업방식 안에서 합리적인 재건축이 되게 하려면 조합원과 시가 조합을 잘 감시하고 감독해, 원주민이 최대한 정착할 수 있고 불이익을 받는 사람들이 최소화될 수 있도록 지혜를 발휘해야 한다.

지역 자연환경에 맞는
조경이 필요하다

　　식목일인데도 겨울의 마지막 자락이 걸쳐 있다. 안산천 하류 천변의 메타세쿼이아 길에도 봄은 오지 않은 것 같다. 윗부분이 싹둑 잘린 채 심긴 나무에는 아직 잎이 나지 않았고, 얼마 전 뽑힌 나무 흔적도 남아 있어 을씨년스럽기까지 하다. 봄인데 이 길만 아직 겨울 속에 있는 것 같아 안타깝다. 즉흥적인 홍보용으로 나무를 심고 가로수길을 조성한 결과다.

　　안산의 녹지율은 전국에서 으뜸일 정도로 높으나 시민들이 편안하게 쉴 곳은 그리 많지 않다. 그래서인지 나무 심는 일은 안산시에서 특히 열심히 하는 일 중 하나다. 수년 전에는 중앙로 양쪽으로 키 큰 소나무들을 많이 심었고, 그 다음 해 식목일에는 대기환경을 개선한다며 호수공원을 중심으로 라일락을 식재했다. 그와 비슷한 이유로 나무와 각종 식물을 이곳저곳에 심었다. 또 작년에는 안산천 옆 잔디밭에 길을 내고 길 양쪽으로 다 자란 큰 메타세쿼이아를 옮겨왔다.

흔히 이런 일을 조경이라고 부른다. 조경의 뜻을 사전에서 찾아 보면 "아름답고 유용하고 건강한 환경을 조성하기 위해 인문·과 학적 지식을 응용해 토지를 계획·설계·관리하는 예술"이라고 나 온다. 여기서 중요한 것은 조경은 단순히 경관을 보기 좋게 만드는 일이 아니라 건강한 환경 조성에 과학적 지식을 응용해야 한다는 점이다. 최근에는 대규모 개발에 따른 환경 후유증을 치유하고 보 상하기 위한 기법으로 활용되므로 안산에 반드시 적용해야 할 기 술이자 예술이다.

조경할 때 반드시 고려해야 하는 것은 지역의 생태계다. 자연이 훼손되지 않았던 시기의 지역 생물상과 환경 특성을 충분히 감안해야 한다. 그런 과학적인 지식을 알게 되면 조경에 쓸 식물은 금방 파악할 수 있다. 지역에 맞지 않은 식물은 지역에 사는 동물에게 전혀 도움이 되지 않아, 봄이 와도 꽃만 피울 뿐 찾는 곤충과 새는 하나도 없다. 서울 남산의 북쪽 사면이 외래종에 점령되자 곤충과 새, 기타 동물들이 사라진 것과 같은 이치다.

메타세쿼이아는 가로수로 유명하다. 담양의 메타세쿼이아 길은 이미 관광명소가 되었다. 오랫동안 가꾸어 온 보람을 찾은 것이다. 담양은 아직 환경이나 생태계 문제가 크게 거론된 적이 없는 고장이므로 안산과 입장이 다르다. 안산은 생태적으로 치유해야 할 부분이 많은 도시이므로 안산의 자연생태를 고려해 환경에 맞는 나무를 심어야 한다. 환경이 훼손되기 이전에 안산에서 자라던 식물을 조경에 활용하면, 이곳에 살던 벌과 나비, 잠자리, 새 등도 자연스레 도시를 찾게 될 것이다.

도시 건축이
미래를 결정한다

　　스페인의 도시 바르셀로나는 세계적인 관광도시 중 하나다. 도시가 바다를 비롯한 자연과 조화를 이루고, 수백 년 또는 그보다 오래된 옛 건축물과 새로운 건물이 절묘하게 공존한다. 이 도시는 가우디의 도시로도 불린다. 전설적인 건축가 가우디가 설계한 건축물이 많은 까닭이다. 가우디의 작품 중에서도 카사밀라, 구엘공원, 사그라다 파밀리아 성당은 하루 종일 관광객이 끊이지 않는다. 도심에 있는 5층 건물 카사밀라는 입장료가 비싼데도 30분 정도는 줄을 서야 내부를 구경할 수 있다. 파밀리아 성당의 웅장함과 정교함은 찾는 이들을 압도한다. 또 이곳은 한 세기에 걸쳐 건축 중이고, 완공까지는 앞으로도 100년이 더 걸린다니, 놀랍다.

　　유럽의 큰 도시들도 예전에는 녹지공간을 없애고 좁은 골목과 도로를 따라 열 지어 아파트를 짓던 시절이 있었다. 비록 자연성은 상실했지만, 견고함과 나름의 아름다움을 추구했다. 그래서 지금도 고풍스러운 경관을 유지하며 식당이나 찻집, 갤러리, 호텔 등으로 재사용된다. 오래된 건축물이 흉물이 아니라 역사 깊은 도시의 매력으로 재탄생한 것이다.

시선을 돌려 안산을 보자. 계획도시인 안산의 최대 과제 중 하나가 건축물이라는 데 별 이견이 없을 것이다. 도시 건설과정에서 전통마을들을 흔적조차 찾기 어렵게 완전히 없애버렸으니, 안산은 고풍스러움과는 무관한 도시가 되었다. 그렇다면 계획도시가 되면서 새로 지은 건물들은 어떤가? 도시가 생긴지 30년이 넘었지만, 초기 건물들은 앞으로 20년 내에 모두 사라질 것이라는 의견도 있다. 우아함을 지닌 옛 건물로 남을 건축물은 거의 없다. 견고하지

도 않고, 창의적이지도 않으며, 친환경적이지도 않은 건물이 대부분이다.

최근, 조금씩이지만 우리나라의 다른 도시들에서도 변화가 일고 있다. 부산과 통영에서는 주민들과 함께 산동네를 예술 공간으로 바꾸고 있고, 인천은 예전의 차이나타운을 도시의 주요 거리로 삼았다. 서울은 좁고 굴곡진 옛 골목을 보존해 역사도시로서 경쟁력을 강화하는 데 활용하려 한다. 퇴물로 취급하던 오래된 건축물에 새로운 숨결을 불어넣는 도시재생사업을 전개하는 것이다. 안산도 옛 사리포구를 남겼더라면 이 재생사업에 적격이었을 텐데, 한국수자원공사는 서해안 어촌의 전형적인 취락구조를 거침없이 지워버렸다. 안타깝다.

잘못된 도시 건축물과 도시계획은 도시의 병리현상을 야기하고, 도시경쟁력을 떨어뜨린다. 공공디자인도시를 표방하고 환경도시를 강조하려면 디자인과 환경이 강조되는 건축을 유도해야 한다. 이런 근본적인 노력 없이 간판 몇 개만 바꾸는 치장만으로 미래지향적 도시 건축을 꿈꿀 수 없다. 그러므로 도시 정책결정자는 도시 건축물 현황을 파악, 도시계획을 검토해 잘못된 건축이 일으키는 엄청난 낭비와 도시의 건조함을 더 늦기 전에 근본적으로 치유해야 한다.

'살기 좋은 도시' 기준으로
평가하자

    안산지방선거에 출마하는 후보자들, 특히 시장들의 공약을 보면 시민 삶의 질을 높이고, 생태환경도시를 만들겠다는 공통점을 가지고 있다. 안산이 서민 도시고, 환경문제로 도시 자산가치가 저평가 되고 있다는 사실에 공감하기 때문이다.

    인적자원 컨설팅업체인 머서Mercer는 1만5천 명 이상의 직원이 일하며, 주로 인적자원에 대한 서비스를 제공하는 다국적 기업이다. 이 회사는 매년 정치, 경제, 사회문화, 교육, 의료, 공공서비스 등 10개 분야 39개 요소를 기준으로 쾌적하고 살기 좋은 도시를 평가해오고 있다.

    최근 머서가 세계 221개 도시를 평가해 발표한 '2010년 생활환경이 좋은 도시' 순위를 공개했다. 뉴욕을 100점으로 두고, 그것을 기준으로 상대 평가해 해당 도시에 점수를 주고 순위를 매기는 방식이다. 2010년, 107점이 넘는 도시는 7개이며, 5위가 107.4점이

다. 뉴욕은 49위이고, 우리나라 도시로는 서울이 81위로 중위권에
포함되었다. 1위는 오스트리아 빈이며, 스위스의 취리히와 제네바
가 뒤를 이었고, 캐나다 밴쿠버와 뉴질랜드 오클랜드가 공동 4위
를 차지했다. 가장 상위권에 속한 도시들은 세월이 지나도 큰 변화
가 없다는 공통점을 가지고 있다. 아시아 도시 중에 50위권에 속
하는 도시로는 싱가포르가 28위로 가장 높았고, 일본 도쿄가 40
위, 고베와 요꼬하마가 공동 41위로 서울보다는 훨씬 높았다. 서
울은 최근 3년 동안 80위권을 벗어나지 못하고 있다. 꼴찌는 2003
년 미국 침공으로 폐허가 된 이라크 바그다드가 차지했다.

살기 좋은 도시 평가 항목을 구체적으로 살펴보면 다음과 같다.

- 정치 · 사회 환경: 다른 나라와의 관계, 내부 안정성, 범죄, 법 집행, 입 · 출입의 용이성
- 경제 여건: 환율 규정, 은행 서비스
- 사회문화 여건: 개인 자유화의 제한, 미디어와 언론 검열
- 건강, 의료: 병원 서비스, 의료 물자, 전염병, 식수, 하수, 쓰레기 처리, 공기 오염, 고질적이고 해로운 동물과 곤충들
- 학교, 교육: 학교들(국제화 학교)
- 자연환경: 기후, 자연재해 전력
- 공공서비스 및 교통: 전기, 물을 구할 가능성, 전화, 우편, 대중교통, 교통 체증, 공항
- 여가: 식당의 다양성, 연극과 음악 공연장, 영화관, 스포츠와 레저 활동
- 소비재: 육류와 생선, 과일과 야채, 일용품, 주류, 자동차
- 주택: 주택, 가정용품과 가구, 관리와 보수

모두 10가지 범주에 속한 39가지 세부 사항에 대한 조사결과다. 항목을 살펴보면 도시 생활의 안정성, 공공서비스, 국제화 정도를 중점적으로 평가한다는 걸 알 수 있다.

머서는 올해 처음으로 생태도시eco-city 순위도 발표했는데 역시 뉴욕을 기준으로 하고 식수와 물 확보 능력, 쓰레기 처리, 하수 처

리체계, 공기 오염, 교통 체증 등을 평가기준으로 삼았다. 높은 자원 활용성과 수질·대기·소음 등의 오염이 낮은 정도, 환경의 지속가능성도 중요하다.

생태도시 순위에서는 캐나다 캘거리가 1위를 차지했으며, 아시아에서는 일본의 네 도시, 고베9위, 요코하마37위, 나고야, 오사카공동 50위와 싱가포르22위가 50위권에 올랐다. 서울은 93위에 그쳤다. 안산의 순위는 어느 정도일까?

이제는 지방선거에서 당선된 단체장의 공약 이행 여부를 평가할 때, 머서와 같은 국제적으로 권위 있는 방식을 적용할 필요가 있다. 그래야 임기 동안 자화자찬을 배제하고, 도시 개선 정도와 발전을 객관적으로 평가할 수 있다. 도시 삶의 질 향상이 경쟁력을 강화하고, 국제화된 평가 기준에 부합해야 세계적인 기업 유치도 한층 유리하다는 점을 기억해야 한다.

생태관광,
제대로 알고 있나

　일반적으로 관광은 공해가 없고, 일자리 창출을 많이 하는 산업이다. 그래서인지 전국 지방자치단체장 후보들은 관광산업 진흥과 개발을 핵심 공약으로 내세운다. 안산도 예외는 아니다. 2010년 지방선거 안산시장 후보들은 공통적으로 대부도와 시화호 일대를 생태관광지로 만들겠다는 공약을 내세웠다. 안산에는 큰 인공호수, 바다, 갯벌이 있어 연중 수백만 명이 방문한다. 그러나 변변한 관광전략 하나 없기 때문에 좋은 관광지라고 할 수 없다. 그저 요즘 유행하는 녹색이나 자연과 생태를 강조하는 시대 분위기에 편승해 시민들의 우호적인 관심을 유도하려는 건 아니었을까?

　생태관광은 '관광'에 단순히 '생태'를 앞세운 개념이 아니다. 생태관광은 학계나 정부 정책에서 일반 관광과 다르게 취급되는 분야이며, 어떤 면에서는 관광이 가진 부정적인 영향을 해소하려는 관광 형태이므로 생태관광과 일반대중관광은 서로 상충되는 부분

이 많다. 그래서 민간 환경단체나 교육단체에서는 생태관광을 자연보전운동의 한 분야로 보기도 한다.

국제생태관광협회는 생태관광을 "자연이 뛰어난 지역으로 떠나는 관광으로, 환경을 보전하고 지역 주민의 삶의 질을 향상시키는 것을 목적으로 하는 여행"으로 정의한다. 지역의 자연과 문화를 매개로 관광을 하되 이들 자원의 보전이 최우선 되고, 관광 수익은 자원의 보전을 전제로 지역사회 경제 활성화, 특히 지역 주민 삶의 질 향상에 기여해야 한다. 그러면서 지역 자연과 문화에 대해 배우고 이해하는 과정이 포함되어 있으니 생태관광에는 환경교육 요소도 들어가 있다. 이처럼 생태관광은 지역사회, 자연환경 보전, 지속가능한 여행을 통합한 개념이다.

예를 들어 대부도에서 생태관광을 진행하는 가정을 해보자. 10명 내외 소규모 관광객이 방아머리에 도착하면 대부도 주민인 전문 해설가가 나와 안내한다. 해설가는 관광객들을 인솔하며 섬 환경과 문화 등에 대해 해설한다. 이때 관광객들은 대부도 자연을 훼손하지 않으며, 만취해 고성방가 하지도 않는다. 관광 중에는 지역 음식점에 들어가 해물칼국수 같은 지역 음식을 먹는다. 경우에 따라 자전거를 빌려 이동할 수도 있다. 수족관이나 박물관 같은 생태관광 시설들을 활용하거나 어업이나 갯벌 체험도 할 수 있다. 관광객들은 섬 관광 중에 생물 서식지를 파괴하거나 지역 주민들 생활에 간섭하지 않는다. 일정이 끝나면 해설가에게 수고비를 주고 자신들이 가지고 왔던 쓰레기를 가지고 돌아간다. 보통 생태관광객들은 일반관광객들보다 지역에 관심이 많기 때문에 지역 특산품 판매 수익이 더 클 수도 있다. 관광객이 사용한 경비는 전부 지역 사회의 수익으로 돌아간다.

실제로 생태관광 산업을 발전시키려면 먼저 지역 자원을 파악하는 등 면밀한 계획을 세워야 한다. 지역 입장에서는 지역을 지속 가능하게 유지하며, 더 큰 수익을 올릴 수 있는 방안이기 때문이다. 물론 정책 결정자가 생태관광을 충분한 이해하고 이것을 실행하려는 의지가 선행되어야 할 것이다.

랜드 마크 건설,
필요하지만 신중해야

　　유명 대도시나 관광도시에는 그 도시를 상징하는 랜드 마크
가 있다. 랜드 마크는 시민들에게는 자랑거리이자 관광객을 유인
하는 강력한 수단이 되기도 한다. 백과사전에 따르면 랜드 마크는
'경계표', '마루지'라고도 하는데, 원래 뜻은 탐험가나 여행자 등이
특정 지역을 돌아다니다가 처음 장소로 돌아올 수 있도록 표식해
둔 것을 말한다. 그러나 오늘날에는 뜻이 더 넓어져 어떤 곳을 상
징적으로 대표하는 건물이나 상징물, 조형물 등을 랜드 마크라고
부른다. 호주 시드니 오페라하우스, 말레이시아 쿠알라룸푸르 페
트로나스 쌍둥이 빌딩, 프랑스 파리 에펠탑, 영국 런던 타워 브리
지, 스페인 바르셀로나 사그리다 파밀리아 대성당 등이 대표적인
랜드 마크다.

　　말레이시아 쌍둥이 빌딩은 1998년 준공 당시 세계 최고 높이인
451.9미터에 달하는 똑같이 생긴 웅장한 건물 두 개로 단숨에 세

계적인 유명세를 탔다. 쌍둥이 빌딩은 2003년까지 세계에서 최고
로 높은 건물이었지만 2004년 대만 타이페이 101빌딩에게 그 자
리를 내주었다. 101빌딩의 높이는 509미터다. 2010년 101빌딩 역
시 다른 빌딩에게 최고 높이 건물 자리를 내주었지만 쿠알라룸푸르
쌍둥이 빌딩과 타이페이 101층 빌딩은 여전히 두 도시의 랜드 마크
다. 이밖에도 여러 나라에서 랜드 마크로 알려진 건물들을 보면 반
드시 높아야 랜드 마크가 되는 것은 아니라는 걸 알 수 있다.

　랜드 마크는 도시를 대표하는 상징으로 각종 인쇄물이나 기념

품에 등장해 도시 홍보를 극대화한다. 관광산업을 중요시하는 도시에서 유명 랜드 마크가 가지는 가치는 어마어마하다. 그렇기 때문에 세계 각 도시들이 랜드 마크를 열망한다. 그래서 도시 발전에는 랜드 마크가 반드시 필요하다. 하지만 랜드 마크가 도시의 긍정적인 상징이 되어야지 비난의 대상이 되어서는 안 된다. 두바이의 버즈 두바이는 중동의 랜드 마크로 유명해졌지만 건축 당시 지나친 투자와 세계 금융 위기 탓에 도시 전체가 위기를 맞기도 했다.

최근 국내 도시들도 지방자치단체 청사를 크게 지어 랜드 마크로 하려다 사회문제가 되고 있다. 성남시는 지나치게 호화로운 청사를 지어 국민들로부터 큰 비난을 받았다. 그래서 2010년 지방선거 시장 당선자는 청사를 민간에 매각하겠다고 했다. 성사 여부는 불투명하지만 매각 발표에 국민들 호응이 높다. 2010년 대전 동구청은 700억 원짜리 청사 신축 중 건설업체에게 지불할 돈이 없어 공사를 중단했다. 당시 동구청 재정 상태로는 300억 원 이상 지방채를 발행하지 않으면 그해 10월부터 3개월간 직원들 월급도 줄 수가 없다고 했다. 이런 일이 대전 청사만 겪은 문제는 아닐 것이다.

단체장들은 대부분 자신의 임기 중에 업적으로 남을 만한 건축물, 즉 랜드 마크를 짓고 싶어 한다. 그러나 도시 재정 상태를 감안하지 않은 막무가내 건설은 도시의 재앙이 될 수 있다. 그리고 뚜렷한 명분 없는 무리한 건축은 정책 결정자의 무모함으로 의심을 받을 수 있다는 점을 명심해야 한다.

스페인 북부 빌라오의 구겐하임빌라오 미술관이나 미국 볼티모어 내셔널 수족관은 지역 랜드 마크뿐 아니라 새로운 관광명소가 되어 경제 활성화의 중심이 되었다. 안산 화랑저수지 호반에도 경기도 미술관이 있으므로 박물관과 같은 문화적인 랜드 마크 단지 조성을 고려해 볼 수 있다. 도시의 선택이 미래를 결정하는 대목이다.

GIS*를 이용한
정책개발방식이 필요하다

한 도시에서 오래 산 사람들은 누구나 그 지역을 잘 안다고 생각한다. 사업가나 공무원, 정치인이라면 그런 생각에 확신을 갖기도 한다. 그러나 지역에서 오래된 건물의 역사나 주민들이 쉽게 접근할 수 있는 공원 위치, 도시 외곽 중심지 등 구체적으로 질문하면 대부분 바로 대답하지 못한다. 왜냐하면 사람들은 누구나 자신이 생활하는 일정한 공간에서 크게 벗어나지 않은 채 활동하기 때문이다. 사회활동을 많이 해도 움직이는 범위가 조금 늘어날 뿐이지 자신과 이해관계가 없는 일이나 지역의 일에 대해서는 대체로 잘 기억하지 못한다. 공간으로만 보자면 보통 시민들은 좁은 영역에서 이차원적인 삶을 살고 있는 것이다.

도시를 계획하거나 정책을 결정하는 사람들의 시각이 일반 시민과 같다면 그 계획이나 정책은 공정하거나 합리적이지도 않을 뿐더러 미래지향적이라고도 할 수 없다. 더군다나 이런 계획을 일

---

* Geographic Information System

반 지도를 가지고 수립하면 오류는 더 커지게 된다. 우리가 보는 평면 지도는 면적, 위치 등 극히 제한적인 정보만 제공하므로 지도의 정보로는 좋은 정책을 마련하는 데 한계가 있을 수밖에 없다. 그래서 수많은 시행착오 끝에 이런 문제점을 극복하려고 개발된 것이 위성, 디지털 기술과 더불어 발달한 지리정보시스템GIS이다.

이 시스템은 지도에 나타낼 수 있는 각종 정보를 디지털화해 해석하는 체계를 말한다. 즉 숲, 강, 지질 등 자연환경 요소와 인구밀도나 토지 이용, 도로, 하수관, 건물 형태 등 인위적 요소를 수집해 보여준다. 각종 속성 정보를 가공하고 종합해 특정한 목적으로 해석하고, 정책을 수립할 때 가장 효과적인 수단이다. 현대에는 모든 정보를 한 눈에 보고 분석할 수 있는 역량을 가져야 제대로 된 정책개발이 가능한데 여기에 반드시 필요한 시스템이다.

지리정보시스템에는 인공위성 영상을 많이 사용한다. 인공위성은 구글뿐 아니라 국내 포털 네이버나 다음 지도에서도 위성 영상을 서비스할 만큼 대중화되었다. 그만큼 디지털 정보 이용이 일상화되었고, 해상도 높은 영상은 현실적이고 객관적인 정보를 정확하게 제공한다. 안산시도 이런 정보 체계를 진작 가지고 있었다면 고밀도 도시 개발과 안산 신도시 상가 밀집도, 경관 조성, 지나치게 많은 대형마트 입점 등 도시 정책의 방향이 달라질 수 있었을 것이다.

브라질 꾸리찌바 시가 획기적으로 변모하며 발전하게 된 배후에는 도시계획연구소가 있었다. 도시 건설의 사관학교로도 불리는 도시계획연구소는 공무원, 전문가, 자원 봉사하는 시민들이 함께 참여하는 독특한 조직이다. 이름은 연구소지만 시청 도시계획과, 건설과와 함께 일하는 행정조직이기도 하다. 이 연구소의 가장 큰 특징은 자율성과 독창성이다. 10여 년 전 도시계획연구소를 찾았을 때 한눈에 그런 자유로운 분위기를 느꼈다. 책상 위에 펼쳐진 자료만 보면 마치 위성영상 판매상에 온 것 같은 착각이 들 정도로 직원들은 다양한 영상을 펼쳐 놓고 일했다.

그들은 최대한 객관적인 시각으로 무엇이 도시를 가장 경제적으로 발전시킬 수 있는지를 연구했다. 그리고 위성에서 내려다 본 영상과 지리정보시스템으로 종합한 정보로 정책을 개발하고 있었다. 대표적으로 교통체계와 환경의 개선인데 이것들은 전 세계 여러 도시들이 모델로 삼을 정도로 훌륭한 정책들이다. 서울 버스전용차선도 꾸리찌바의 정책을 도입해 만든 것이다. 안산시도 이러한 정책개발 체계를 도입해 새로운 도약을 도모할 때다.

통계에 대한 관심이
좋은 정책을 만든다

　우리는 통계의 홍수 속에서 산다. 어느 단체, 조직이든 일정한 주기에 따라 자신들만의 통계를 만든다. 두산백과에 따르면 통계는 "사회집단 또는 자연집단의 상황을 숫자로 나타낸 것"이라고 한다. 예를 들어 안산 주민들의 생계비, 경기지역 쌀 생산량 추이, 안산스마트허브에서 생산한 제품 중 불량품의 개수 등은 모두 통계로 보여줄 수 있다. 통계는 집단에 관한 것으로 어느 국회의원의 재산이라든가 광덕산의 높이 등, 개인이나 사물에 관한 수치가 아무리 구체적이더라도 통계는 아니다.

　통계가 필요한 이유는 무엇일까? 자연현상이나 사회현상을 정확하게 진단하고, 미래를 보다 합리적으로 예측하기 위해서는 현재뿐 아니라 일정한 기간 동안의 변화과정을 파악해야 하기 때문이다. 따라서 통계는 사회 발전과 함께 발달해왔으며 오늘날 사회현상, 자연과학의 해석이나 정부 정책의 수립은 통계 없이 불가능하다. 그러니까 통계는 단순히 자료수집이 아니라 한 사회나 국가의 진로를 결정할 수 있는 매우 중요한 기반이 되는 것이다. 통계청이라는 거대한 행정조직이 필요한 이유도 여기에 있다. 통계는 무엇보다 정확하고, 누구나 알기 쉽게 정보를 제공해야 한다. 권위적인 정부는 통계를 어려운 용어와 숫자로만 제공하거나 엉뚱하게 해석하기도 하고, 때로는 조작하기도 한다. 그러므로 이에 대한 일정한 감시체계도 필요하다.

안산시청 홈페이지 '브라보'에 들어가면 안산시를 비롯한 통계청 통계를 쉽게 찾아볼 수 있다. 통계청에서는 지리정보시스템에 통계를 얹은 통계지리정보서비스SGIS를 제공한다. 이 서비스는 우리나라 지도 위에 시·도별 통계를 값의 크기에 따라 다른 색깔로 표시해 한눈에 파악할 수 있도록 했다. 통계에 첨단 기술을 도입해 서비스 질을 높인 것이다. 그러나 아직까지는 한 순간의 통계가 대다수이고, 일정한 기간의 추이를 보여주는 동태통계는 표시하지 못하거나, 비정규직 수라든가 국가 채무실질 채무 등 민감한 내용은 없어 IT 강국인 한국의 통계 서비스치고는 아쉬운 점이 많다. 물론 안산시 통계서비스는 통계청에 한참 못 미친다. 쉽게 볼 수 있는 것은 현재 인구 수, 자동차 수, 공장 수 등이고, 중요한 경제지표 동

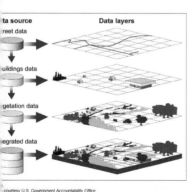

ta source   Data layers

reet data

uildings data

getation data

egrated data

courtesy U.S. Government Accountability Office

태는 두터운 자료들 속에 숨겨져 있다.

최근 서울시는 지리정보시스템GIS을 통해 인구, 고용, 주택, 지하철의 밀도와 공원 면적, 문화시설 등 도시 공간의 변화를 일정 기간 비교했다. 그 결과 인구, 주택 밀도가 가장 낮은 강남구와 서초구에서 고용 밀도, 지하철 밀도, 공원 면적, 문화시설이 상대적으로 꽤 높은 것을 바로 알 수 있었다. 서울시는 이 통계만 보고도 문제점을 파악하고 대책을 마련할 수 있게 된다. 이런 문제는 안산시에도 해당될 수 있으므로 안산시 정책 결정자나 시의회 의원들, 시정 감시자들도 통계와 친해져야 한다. 게다가 현재뿐 아니라 적어도 2, 3시점의 통계를 함께 보아야 예산과 정책이 어느 지역 또는 분야에 집중되었는지 파악할 수 있다.

사실 지리정보시스템은 최첨단 기법이 아니므로 시에서도 새로운 통계서비스를 고려할 필요가 있다. 기본 통계는 홈페이지에서 전자정보로 다 제공되고 있으므로 시민들이나 시민단체들도 관심 분야에 대해서는 시간별로 추적해 지도에 표시할 수 있다. 그러면 감시가 훨씬 쉽고 다양해질 것이다. 더군다나 요즈음에는 포털사이트 지도 정보도 쉽게 이용할 수 있지 않은가?

탄소배출 저감에
적극적으로 대응해야 한다

여름 장대비의 우직한 빗소리는 한낮 뙤약볕을 식혀주어 누구나 반가워한다. 그러나 여름 내내 시도 때도 없이 쏟아지는 비를 보면 불안하다. 기후변화의 불길한 징조가 우리 땅에도 영향을 미치는 것 같아서다. 우리나라를 포함한 북반구 중위도권은 기후변화의 영향에서 가장 취약한 지역이다. 기후변화의 영향에는 강수량의 증가도 포함된다.

글쓴이가 기상청 연구원과 함께 조사한 한국 기온 통계에 따르면 지난 100년 사이 겨울철 3개월간의 기온이 약 3℃ 상승한 것으로 나타났다. 이 수치는 과학자나 환경단체 활동가들도 쉽게 믿지 못할 만한 엄청난 것이다. 기상청 자료에 따르면 겨울은 점차 짧아지고, 여름은 길어지는 현상이 계속 이어질 것으로 보인다.

2009년 기상 이변은 상상을 초월해 세계 여러 지역을 강타했다. 중국과 파키스탄의 대홍수, 러시아의 가뭄, 미국과 호주의 산

불, 남미와 남아프리카 지역의 한파 등 열거하기가 힘들다. 이런 기후변화에 따른 재해는 어디에서 기인할까?

국제에너지기구의 이산화탄소 관련 보고서에 따르면 2009년 중국이 전 세계 이산화탄소배출 국가 1위로 올라섰다. 오랫동안 1위를 지켜온 미국은 2위로 내려갔다. 일본은 5위이고, 우리나라는 9위였다*. 이 순위를 보면 동아시아지역이 지구에서 온실가스를 가장 많이 배출한다는 것을 알 수 있다. 같은 보고서에서 1990년에서 2007년 사이 우리나라 탄소배출 증가율은 113퍼센트로 집계되어 OECD 국가 가운데 최고 수준이었다. 1인당 이산화탄소배출량도 꾸준히 상승했다. 같은 기간 일본, 독일, 영국의 탄소배출량이 크게 줄어든 것과 비교하면 기후변화에 대한 우리나라 국가정책은 실패한 것으로 봐도 무방하다.

2010년 여름, 담양에서 개최된 한국환경교육네트워크의 환경해설자 대회를 비롯한 여러 환경 행사 프로그램들을 보면 대부분 기후변화 대응이나 탄소배출 저감과 연관이 있다. 이러한 노력은 담양 같은 탄소배출량이 적은 곳뿐만 아니라 안산시처럼 탄소배출원이 많은 도시에서 더 적극적으로 나서야 한다.

최근 안산시에서도 가정에서 소비하는 전력 절약과 탄소배출 감소에 관해 여러 가지 이벤트와 캠페인이 벌어지고 있다. 그러나 개인의 노력에는 한계가 있다. 안산시의 경우 두 산업단지와 근로자들의 출퇴근 차에서 배출되는 탄소량만 보더라도 상당할 것이기

---

* 우리나라의 현재 순위는 7위이다.

때문이다. 그러므로 안산시 전체 이산화탄소배출량을 파악하고 배출원별로 목표를 설정해 단계별로 감축해나가는 전략이 필요하다. 이 전략에서 기후변화의 정의, 위험성, 안산지역 온실가스 배출량과 비중, 중앙정부의 정책 등을 소개하고 지방정부, 산업체, 가정, 개인의 목표를 설정하면서 각각의 비전과 목표, 체계적인 행동계획을 포함해야 한다.

기후변화에 따른 피해는 지역에 상관없이 어느 날 갑자기 다가올 수 있다. 이에 효과적으로 대응하려면 전 지구적 노력에 적극 동참하는 것이 가장 현명한 방안이다.

푸드 마일이
지구를 살린다

　　추석 명절에는 수십 가지 음식을 먹게 된다. 평소에는 자주 맛볼 수 없는 제례 음식이나 지역 전통 먹거리도 적지 않다. 차례 상차림은 지역 간에 차이가 많다. 해안지방과 산간 내륙지방의 음식 종류가 서로 다르며, 특히 생선 종류에서 뚜렷하게 차이난다. 예를 들면, 서울에서는 상상하기 어려운 상어산적을 경상도 일부지역에서는 필수 제수로 여기며, 일반적으로 해안지방은 생선을 아주 중시하지만 내륙이나 수도권은 그렇지 않다. 제례에 관한 한 우리나라는 모두 유교문화 영향권에 속하지만 제례상의 음식 종류까지 통일하지는 못했다. 일부 제수를 제외하고는 지역 특산 재료로 만든 음식들을 중시하는 정도만 알 수 있다. 이동수단 부족과 생선의 신선도 유지 등에 따른 문제가 있어서 생긴 현상이기도 하다. 안동의 자반고등어도 조선시대에는 내륙까지 생물을 운반할 수 없었기 때문에 생긴 음식인데 지금은 지역의 고유한 전통 요리로 발전했다.

그런데 지금은 지역에서 생산되는 식재료로 음식을 해먹는 것이 전혀 다른 의미를 갖는다. 외국에서 식재료를 들여오려면 화석연료를 사용하는 이동수단을 이용할 수밖에 없으므로 그만큼 이산화탄소배출량이 늘게 되고, 결국 기후변화를 부추기는 셈이 된다. 따라서 불필요한 이동 없이 지역에서 생산된 식재료를 먹는 것은 지구환경에 기여하는 일이다.

우리나라는 북반구 중위도권에 위치하는데, 여기에는 이산화탄소 세계 1위 배출국가인 중국과 10위권 내에 있는 일본, 한국이 있다. 그래서인지 중위도권은 기후변화에 가장 취약한 지역이다. 우리나라는 수출주도형 경제체제를 유지하므로 물자 수송에 따른 부담이 많은 것은 어찌할 수 없는 상황이다. 그렇더라도 식량까지 외국에 의존하는 것은 문제가 있다. 우리나라 식량 자급률은 25.3퍼센트로, OECD 국가 중에서 거의 바닥 수준이다. 기후변화에 따른 기상이변으로 작황이 나빠져 곡물생산량이 높은 나라들이 가격 상승을 주도한다면 심각한 식량위기 사태가 일어날 수 있다.

이에 대해 우리는 두 가지로 대응할 수 있다. 먼저, 우리 지방에서 나는 농산물을 이용해야 한다. 지역에서 생산한 식재료로 만든 음식은 신뢰할 수 있고, 이동하면서 발생할 탄소배출량이 매우 적어진다. 유럽 여러 국가에서는 식재료 이동 거리를 뜻하는 푸드마일food miles이 짧은 재료들로 요리하는 식당이 인기를 끌고 있다.

음식의 안전성까지 확보되면 비싸게 판매되기도 한다. 예를 들면 50 푸드 마일이 표시된 레스토랑은 모든 식재료가 식당으로부터 약 90킬로미터 이내에서 생산되는 안전한 농·축·수산물이다. 안산은 어촌과 농촌이 다 있으므로 50 푸드 마일 식당을 충분히 개설할 수 있는 여건이다. 물론 생산지에서 식재료를 안전하고 튼실하게 생산한다는 전제가 필요하다.

　다른 하나는 안산이 생산하는 농·축·수산물이 안산의 식량 자급률과 비교해 어느 정도인지 파악해야 한다. 한때 대부도를 중심으로 경기만 일대에서 생산되는 패류 생산량은 수도권 소비량을 충분히 감당할 정도로 많았다. 그러나 경기만 일부가 쌀 생산지로 간척되어야 했다. 그리고 시화호 간척사업과 송도신도시 건설사업으로 주요 패류 생산지가 사라졌다. 그래서 지금은 국내 패류 소비량의 50퍼센트 이상이 외국에서 수입되고 있다. 따라서 원래 패류를 생산하던 농지에서는 수입 농산물을 대체할 수 있는 작물을 심고, 바다는 수산물 생산 환경으로 복원하는 일이 필요하다. 이러한 일들은 앞으로 일어날 가능성이 큰 식량위기에 대비하며, 안전한 식재료를 확보해 건강한 시민생활을 지원하고, 지구환경 개선에도 참여하는 노력이 될 것이다.

전통지식의 가치와
중요성

　2010년 개최된 유엔 생물다양성협약 회의에서 주최국 일본이 가장 심혈을 기울인 분야는 자국의 전통지식을 세계화하려는 것이었다. 이러한 시도는 민간, 정부, 학계가 다 같이 적극적으로 많은 모임을 개최하고, 주제가 다른 모임에서도 그것에 대한 열정적인 홍보로 이어졌다. 전통지식은 어떤 것인가? 예를 들면 조선시대의 송계는 산에서 자라는 소나무를 마을에서 공동으로 관리해 땔감을 지속적으로 수급했던 체계다. 즉 자연과 사람이 공생한 것이다.

　사토야마里山와 사토우미里海는 마을 뒷산이나 마을 앞바다라는 의미다. 전통 농촌이나 어촌에서 자연을 이용해 농·수산물을 재배하거나 채취하며 생활하던 방식을 뜻하기도 한다. 마을 인근 숲이나 산, 바다 등 자연과 조화를 이룬 전통적인 삶의 방식은 이미 과학자들이 인정해 다양한 연구들이 진행되었다. 게다가 일본 국토교통성과 환경성 등 정부 부서들까지 적극적으로 나서 이제는 국가 자연자원 관리전략이 되었다. 왜 일본은 새삼스럽게 이런 일을 벌이는 걸까?

일본은 우리나라와 마찬가지 건축과 토목산업이 국가 경제에 가장 큰 비중을 차지하며, 여전히 환경이나 생태계에 대한 큰 고민 없이 국토개발 사업들이 진행되고 있다. 최근에 다양한 환경보전 정책을 펼치고 있지만 결국 큰 개발 사업이 없었던 농촌과 어촌만한 환경을 만들 수가 없었다. 그래서 과거 사람들이 자연을 대하는 방식에 눈을 돌리기 시작한 것이다. 과거 사람들은 마을 뒷산과 숲 같은 자연을 지키면서도 큰 불편 없이 잘 살아왔다. 이런 곳은 경관이 뛰어나며 생물다양성도 높고 환경문제도 거의 없을 뿐 아니라 마을 공동체도 잘 유지되었다. 그래서 이러한 마을들의 가치를 더 높게 평가하기 시작했다. 학자들은 기술로 해결하지 못한 환경보전 정책에 기존 전통지식을 적용하면 가장 이상적인 결과를 얻

을 수 있으리라는 확신을 가진 듯하다. 이제는 일본 정부가 나서서 과학자들을 지원하는 단계로 발전했다.

이번 회의의 여러 모임에서 일본의 대표적인 전통어업 사례로 소개된 것 중에는 갯벌에 돌멩이를 쌓아 조수간만의 차를 이용한 돌살이라는 어업방식이 있었다. 우리나라에서도 해안에서 흔했던 어법이었으

나 지금은 거의 사용하지 않지만 일본은 이 전통지식을 바다를 살리는 데 응용한 것이다. 돌살은 원시 어법이지만 갯벌에 쌓아놓은 돌멩이가 미세한 해양생물 서식지가 된다. 거기에 사는 작은 생물들은 물고기 먹이가 되어 결국 돌살이 있는 곳에는 생물 종류가 더 늘어난다.

일본 학자들은 이렇게 전통지식을 이용한 환경관리기법을 새롭게 발견한 것처럼 발표했다. 그리고 일본 정부는 자국 생물다양성 보전 방식의 차별성도 인정받으면서 다른 나라들도 그 방식을 이용하길 희망했다. 그래야 회의 개최국으로서 자부심을 가질 수 있다고 판단한 듯하다. 협약에서도 자연을 관리할 때 전통지식 활용의 필요성을 계속해서 강조했다.

우리나라에서 농촌과 어촌생활을 유지하며 수천 년 동안 쌓여온 전통지식은 급속한 산업화 과정에서 단시간에 사라지고 말았다. 그러나 서구에서 들어온 지식만으로 우리의 자연을 잘 관리하는 데는 한계가 있다. 농촌과 어촌이 모두 있는 안산에서는 더 사라지기 전에 전통지식과 문화를 새롭게 적용할 수 있는 방식을 발굴해야 한다.

에코시티, 생태도시, 환경도시

    2011년 1월, 안산시는 안산도시공사와 시설관리공단을 통합해 '에코시티 안산도시공사'를 출범한다고 밝혔다. 안산시 산하 두 기관의 통합에도 시선이 갔지만 에코시티가 먼저 눈에 들어왔다. 안산시와 에코시티의 조합이 처음은 아니었기 때문이다. 안산시는 전 시장 시절에 이미 환경생태도시가 되자고 선언한 바 있다. 지난 2008년 '와'스타디움에 시민 3만 명이 모인 가운데 녹색성장 정책에 발맞추어 환경생태도시 선언식을 하면서 큰 축제의 장을 벌이기도 했다.

    당시 환경생태도시 선언 실천 방안으로는 신재생에너지 메카 만들기, UN 10억 그루 나무심기 캠페인 참여, 도시의 생태용량 확충, 걷기, 자전거타기, 대중교통이용하기, 대기 질 개선, 지역환경 관리 목표제 도입, 탄소 중립 숲 만들기로 탄소잡기 등 열거하기 힘들 정도로 많았다.

    생태도시란 사람과 자연 또는 환경이 조화를 이루며, 공생할 수

있는 체제를 갖춘 도시를 의미한다. 백과사전에 따르면 "생태도시
는 리우회의* 이후 지속가능한 발전이라는 이념 아래 도시지역 환
경문제를 해결하고, 환경보전과 개발을 조화시키기 위한 방안의
하나로 도시개발, 도시·환경계획 분야에 대두된 개념"이라고 해
설하고 있다. 생태도시, 에코시티, 환경도시는 서로 비슷한 개념이
다. 한편 환경부는 생태도시를 기후변화 등 세계의 환경문제 해결
에 부응하고, 국토의 생태적 건강성을 유지하면서 모든 국민들의
삶의 질을 높일 수 있는 도시로 정의하며, 녹색성장의 주요 정책으
로 삼았다.

생태도시로 유명한 도시들은 크게 세 부류로 나뉜다. 자연과 조
화를 이루어 생태적 건강성을 잘 유지하는 도시와 환경문제로 인

---

* 리우회의는 1992년 6월 3~14일까지 브라질 리우데자네이루에서 각국 대표들과 민간단체들이 지구 환경
보전을 위해 실시한 회의를 말한다.

한 위기를 환경 또는 생태적으로 극복한 도시 그리고 교통문제, 쓰레기문제, 기후변화, 자연보전 등 환경문제를 잘 해결해 나가는 도시다. 그런데 생태도시들 대부분은 이 세 가지 중 한 가지를 더 강조할 뿐 나머지에도 다 속한다. 대부분 환경문제는 서로 연계되기 때문에 한 문제를 해결하려면 자연스럽게 다른 문제점에도 접근하게 되기 때문이다. 문제를 해결할 때는 도시 지도자층이 생태도시와 환경문제에 대한 개념을 이해하는 것이 무엇보다 중요하다. 그렇지 않으면 생태도시 개념을 잘 알지도 못하면서 정치적 수단으로 이용하는 경우가 생길 수도 있기 때문이다.

최근 신문기사를 보면 우리나라는 녹색성장이 국가 정책기조가 되었지만, 2009년 탄소배출량이 전년도보다 1.2퍼센트 늘어 세

계 탄소배출 순위는 한 단계 상승한 8위*가 되었다. 지난 수년 동안 국가 배출량이나 개인 배출량이 꾸준히 늘고 있다는 지적이 많았는데 안타깝게도 그 지적이 사실로 드러났다. 배출량 10위권 국가들 중 선진국이라고 할 수 있는 미국-7.0퍼센트, 일본-9.7퍼센트, 독일-7.0퍼센트, 캐나다-9.6퍼센트, 영국-7.8퍼센트은 모두 탄소배출양이 크게 줄었다. 이 수치를 보면 우리나라의 녹색성장 정책은 겉으로만 녹색을 표방하는 이른바 '그린워싱'이라는 의심이 생긴다.

얼마 전 수원시도 생태도시가 되겠다는 선언을 했다. 생태지도를 만들어 시민들에게 나누어주고, 수원 시내 주요 네 개 하천을 생태적으로 개선·관리해 '물의 도시' 이미지까지 갖겠다는 욕심이다. 아울러 전문가 토론회와 녹색사회 포럼을 개최하는 등 분위기 조성에 열심이다. 생태도시 전문가를 부시장으로 임명한 것은 수원시가 다른 도시와 달리 생태도시에 대한 의지를 확실히 한 점이기도 하다. 이렇게 되면 안산시 녹색 정책과 탄소 줄이기 성과는 어떤지 궁금하지 않을 수 없다. 또 공사가 한창인 화정천 공사 후 모습과 수원천이나 서울 양재천을 비교해보고 싶어진다.

에코시티든 환경생태도시든 선언보다는 올바른 이해로부터 정확한 실천과 실행이 중요하다. 안산시의 지향점이 에코시티가 맞는다면 이제부터라도 관련 데이터와 정책을 다시 점검해 볼 때다.

---

* 현재 순위는 7위이다.

도시 숲과
탄소 중립 숲

　안산은 녹지가 많은 도시로 알려졌다. 그러나 도시 주변 임야가 녹지 대부분을 차지하고, 실질적으로 시민들이 편안하게 쉴 수 있는 도심 녹지는 의외로 많지 않다. 게다가 녹지 대부분이 아직 숲이라고 하기에는 부족함이 많아 아늑함과 편안함을 느끼기에는 충분치 않다.

　통계연보에 따르면 안산에는 공원이 173개 있어 인구 약 5천 명당 한 개 꼴인 셈이다. 그나마 어린이공원놀이터 126곳과 묘지공원 한 곳을 빼고 나면 46개가 남는다. 그래서 안산도 꼭 넓은 공간은 아니더라도 자투리땅이나 공터에 숲 또는 녹지를 조성하는 노력이 필요하다. 더군다나 기후변화로 여름이 길어지거나 기온이 상승할 경우를 대비했을 때, 숲은 시민들에게 휴식처를 제공하고, 도시 온도를 낮추는 효과를 준다. 게다가 숲이 많을수록 도시 경관도 개선된다.

백과사전에 따르면 도시 숲urban forest은 "도시인구에 의해 직간접적인 영향을 받는 공간 내의 숲, 공원녹지 등을 이르는 말"이다. 즉, 길거리 가로수나 공원 나무들도 모두 숲에 포함된다는 의미다. 앞서 지적한대로 숲을 통한 쾌적한 도시환경 조성은 도시의 자연생태계 서비스를 확장해 대기오염을 완화한다. 또 도심의 열섬 현상 방지에 효과가 있는 것으로 알려져 세계적으로 많이 늘고 있는 추세다. 그러므로 안산에도 이러한 숲 조성이 반드시 필요하다. 산림청에서는 도시에 숲을 조성하면 교토의정서에서 발효된 온실가스 감축 의무를 이행할 수 있을 것으로 판단해 2007년부터 전국 도시공원에 숲 조성을 권장하고 있다.

그러나 우리 법에 정확히 '도시 숲'이라는 용어는 없다. 다만 의미가 약간 다른 도시림이 있는데 이 용어는 산림청 관할 법인 '산림자원의 조성 및 관리에 관한 법률'에 나온다. 이 법률에서는 도시림을 '도시에서 국민 보건 휴양, 정서함양 및 체험활동 등을 위해 조성 관리하는 산림 및 수목을 말하며, 면 지역과 자연공원법 제2조에 따른 공원구역을 제외한다.'로 정의하고 있다. 그리고 지방자치단체의 장은 기본계획에 따라 관할구역을 대상으로 도시림 조성 및 관리를 위한 계획을 수립·시행할 것을 명시하고 있다.

이와 다르게 유원지, 공용지, 광장, 도시농지, 잔디운동장, 하천, 저수지 등도 모두 도시 숲으로 보는 시각도 있다. 일반 녹지와 도시공원을 모두 도시 숲에 포함한 것이다. 이는 국토해양부 관

할 법인 도시공원과 녹지에 관한 법률에 따른 것으로 이 법에서 도시녹화란 식생, 물, 토양 등 자연친화적인 환경이 부족한 도시지역 공간산림은 제외에 식생을 조성하는 것으로 정의하고 있다. 결국 앞의 두 법에서 명시한 '도시림 조성'과 '도시녹화' 모두 도시 숲을 만들거나 가꾸는 것과 관련된 법률이라 할 수 있다.

이렇게 보면 안산의 '탄소 중립 숲' 조성은 도시 숲 만들기에 해당한다. 안산시는 2009년 산림청과 함께 전국 지자체 최초로 '탄소 중립 숲 조성'을 선포했다. 이후 경기도와 기업들이 연이어 '탄소 중립 숲' 조성에 나서고 있어 캠페인으로서는 성공적인 것으로 보인다. 여기서 '탄소 중립'이란 경제활동으로 배출되는 탄소량이 전혀 없는 상태가 되는 것을 가리킨다. '탄소 중립 숲'은 탄소배출을 상쇄할 만한 산소를 공급하는 숲을 말한다.

이왕 만들기로 한 탄소 중립 숲에서 실질적으로 탄소 중립이 되려면 어떤 규모로 숲을 조성해야 할지 구체적인 목표와 방안이 우선되어야 한다. 단순히 식목일 행사를 대체하는 수준이 되어서는 안 된다. 그리고 기존 공원보다 그늘이 꼭 필요한 곳과 열섬 현상을 방지해야 하는 곳, 예를 들면 광덕로 테마공원이나 다세대 주택이 밀집된 구도시 등에 탄소 중립 숲 조성이 반드시 필요하다.

재정자립도와
재정자주도

    2010년 지방선거 이전에 일본 재정 문제와 재정자립도에 관해 일본은 희망이 보이지 않는다는 글을 쓴 적이 있다. 그리고 몇 개월 후 일본 국가 신용등급이 하락했다. 더 큰 문제는 앞으로 다시 상승할 가능성이 없다는 점이다. 아울러 안산시장 후보들도 안산시 재정자립문제를 잘 지켜봐야 한다고 덧붙였다.

    얼마 전, 지방선거 직후 안산 재정자립도는 6년째 계속 하락세라는 기사를 접했다. 안산시 재정자립도는 지난 수년간 60퍼센트대 초반과 50퍼센트대에 머물렀다. 그래서 2011년 안산시 재정자립도가 40퍼센트대까지 내려갈 수 있다는 보도는 안산 시민들에게 충격이었다.

    도시의 재정자립 정도는 시를 운영하는 데 있어 필요한 전체 예산에서 자체적으로 조달할 수 있는 재정의 비율을 나타낸다. 보통 도시 자체 재원인 지방세와 세외 수입에서 지방채를 제한 것이 차지하는 비율을 재정자립도라 한다. 그러므로 재정자립도는 지방자치단체의 자립 역량을 보여주는 지표다.

한편 이와 비슷한 용어로 재정자주도가 있는데 이는 재정자립 재원에 지방교부세, 재정보전금, 조정교부금 등을 추가한 것을 비율로 나타낸다. 지방자치단체가 자주적으로 운영할 수 있는 실제 재원의 비율이라 할 수 있어 근래에는 자주도가 지방재정의 상대적인 평가기준이 되기도 한다. 그래서 지자체들은 지방교부세 확보에 심혈을 기울일 수밖에 없다. 재정자립도는 하락해도 지자체 역량에 따라 자주도가 상승하는 경우가 종종 있기 때문이다. 2010년 안산 재정자주도는 71.6퍼센트로, 그 전해에 비해 크게 하락했으며, 전국 평균인 75.7퍼센트에도 못 미친다. 시에서는 재정자주도 하락추세 원인을 부동산 경기 침체로 들었지만 궁색한 핑계에 불과하다. 현실이 그렇더라도 이를 극복할 대안이나 전략을 제시해야 하기 때문이다.

결국 지자체 입장에서는 지방교부세와 지방세 수입 증대 계획을 잘 세워 목표를 달성해야 재정의 자주성이 유지된다. 따라서 도시 발전은 지방세를 안정적으로 확보하는 데 달렸다고 할 수 있다. 지방세는 지방세법에 의해 징수하는 세금으로 종류가 매우 다양했으나 2011년부터 많이 간소화되었다. 여러 종류였던 세금이 재산세, 자동차세, 취득세, 등록면허세, 지역자원시설세 등으로 통합되었으며, 이밖에는 주민세, 담배소비세 등이 있다. 지방세수가 늘어나려면 이런 세금을 많이 내는 재력가들이 많아야 한다.

안산에서는 지난 IMF 때, 많은 고소득층 시민들이 다른 도시로 이주했다. 지금도 시화 · 반월산업단지* 기업들의 관리직이나 안산에서 활동하는 변호사, 의사, 고소득 자영업자들 중 상당수는 안산에 살지 않는다. 그러므로 이들을 안산으로 되돌아오게 할 방안이 필요하다.

고소득계층을 안산에 정착시키기 위한 방안으로 지식산업 벨트와 문화 거리 조성을 제안하고 싶다. 안산 한양대학교 캠퍼스에는 경기도테크노파크, LG 이노텍 안산연구소소재부품연구소, 한국생산기술연구원 안산연구센터, 한국산업기술연구원이 있으며, 이웃에는 한국해양연구원, 한국농촌공사 농어촌연구원이 있어, 이미 자연스럽게 지식산업 벨트가 조성되고 있다.

이를 촉진하기 위해서는 현재 이전을 검토 중인 이웃 두 연구원의 이전을 막고, 자동차 경기장 부지를 연구단지나 관련 시설로 조성해야 한다. 이러한 연구단지는 시화 · 반월산업단지의 구조고도화뿐 아니라 가시적인 학연산 클러스터** 를 형성하는 데 크게 기여한다.

또 안산에는 예술분야에서 가장 지명도가 높은 서울예술대학이 있고, 다른 여러 대학에도 예술 관련 학과들이 많다. 이들 대학이 배출하는 문화 인력들이 창의력을 발휘할 수 있는 문화 거리와

---

* 시화 · 반월 산업단지는 시흥 · 안산스마트허브(SmartHurb)로 명칭을 바꾸었다.
** 학연산(學, 硏, 産)은 학교와 연구기관, 기업이 긴밀한 협력을 맺는 것을 뜻하며, 클러스터(cluster)는 유사 업종에서 다른 기능을 수행하는 기업, 기관들이 한 곳에 모여 있는 산업집적지를 말한다.

창작 공장 등을 조성하는 것은 어떤가? 지식산업과 문화가 도시의 새로운 가치를 창출하게 될 것이다. 도시의 가치는 결국 삶의 질과 쾌적성, 일자리, 안전성, 편의성과 문화 역량을 고려한 종합적인 평가다. 이런 기준에 부합되는 도시는 재정자립도가 향상되고, 신용등급이 높아지게 마련이다. 그렇게 되면 투자는 물론이고 안산으로 이주하는 사람들도 늘어날 것이다.

걷기 열풍

　전국이 걷기 열풍이다. 걷기는 건강에 좋고 안전하며 부작용도 가장 적은 운동이다. 뿐만 아니라 기후변화와 에너지 위기에 대응하는 가장 바람직한 자세이기도 하다. 지역에서는 관광객 유치 수단으로도 활용되어 현재 전국에는 걷기 좋은 길 150여 개가 만들어졌다. 그중에서도 제주도 올레길, 북한산과 지리산 둘레길, 강화 나들길이 유명세를 타고 있다. 안산시와 이웃한 시흥시에서도 이미 늠내 갯골길을 선보였다. 안산도 시화호 주변에 걷기 좋은 길을 만들어 걷기 문화의 붐에 동참하고 있다. 그러나 걷기 열풍은 부작용도 적지 않아 걷기 열병fever이라고 약간 부정적으로 표현하는 사람도 있다.

　이전에는 걷기 운동을 트래킹trekking이라 했다. 트래킹은 자연을 탐조하며 즐기는 것이 목적인 스포츠 개념으로, 등반과 달리 주로 비포장 산길이나 들길을 오래 걷는 행위를 뜻한다. 또 비교적 짧고 간편하게 걷는 하이킹보다 긴 시간 천천히 걷지만 약간의 고통을 수반하는 스포츠다.

걷는 길은 트레일trail이라고 한다. 트레일은 사람이나 자전거, 마차 등이 다니는 좁은 길이나 도로를 의미하지만 최근에는 걷기에 좋은 길을 뜻하기도 한다. 그래서 프랑스 유명 트레일은 프랑스에서 걷기에 좋은 길로 해석하면 된다.

2010년 11월 제주도에서 제주도 올레 걷기축제와 2010 월드트레일 콘퍼런스가 열렸다. 이 행사들은 세계적으로 잘 알려진 트레일들을 소개하고, 한국에서 올바른 걷기 문화를 정착시키기 위한 국제적인 모임이었다. 참가자들은 자국의 트레일 역사와 운영방식들을 소개했다. 주로 대자연을 체험하거나 종교적 목적에서 유래한 길들이었고, 모두 체계적으로 운영되고 있었다.

우리나라 걷기 길의 시작도 이와 다르지 않다. 원조라고 할 수 있는 지리산 둘레길과 퇴계 이황이 걸었다는 안동 옛길도 처음에는 건강이나 관광이 목적은 아니었다. 시민단체 회원들과 소규모 생태여행가들의 입소문을 통해 알려지게 된 길이었다. 지리산 둘레길을 소개한 내용을 보면 지리산 길은 실상사 스님들을 중심으로 느리게 걸으면서 자신을 성찰하자는 취지로 시작되었다고 한다. 둘레길에는 옛 사람들이 흥얼거리며 오가던 숲길, 고갯길, 강변길, 논둑길, 마을길 등이 포함된다.

이후 제주도에서 만든 올레길이 폭발적인 인기를 끌자 전국 곳곳에 걷는 길이 생기기 시작했다. 올레길도 본디 산티아고 가는 길에서 착안한 것이었다. 산티아고 가는 길은 기독교 순례자들이 성인 야곱을 기리며 걸었던 길이며, 남프랑스에서 북스페인 산티아고 데 콤포스텔라산티아고 대성당까지 약 700킬로미터 되는 거리다.

한국에서의 걷기는 스포츠 개념인 트레킹과 약간 다르다. 혼자서 조용히 명상하거나, 마음의 안식을 찾으려 걷기 시작했다는 점을 기억한다면 길 주변 자연이나 지역 주민들에게 피해나 불편을 끼쳐서는 안 된다. 그럼에도 불구하고 사람들이 많이 찾는 길에서 마을을 소란스럽게 하거나 농부들이 일구는 과실, 작물에 피해를 입히고, 길을 훼손하는 등 이미 여러 가지 문제점이 드러나고 있다. 안산에서는 길이 만들어질 때와 걷기를 시작했을 때 가졌던 순수한 의미를 잘 지켜나가길 기대한다.

벼룩시장과
재래시장에 대한 생각

　어제 한 신문에서 '우리 동네 벼룩시장, 덩실덩실 봄 잔치'라는 기사를 보았다. 벼룩시장에서 국악공연을 펼치는 사진이 함께 실려 있었다. 시민들이 공연을 즐기는 즐거운 동네시장이었다. 기사에는 이 시장 외에도 서울에서 열리는 여섯 개 유명 벼룩시장도 소개하고 있었다.

　벼룩시장이라는 말은 본래 프랑스에서 유래된 것이다. 벼룩이 득실대는 중고품을 파는 노천시장이라는 뜻에서 벼룩flea이라는 말이 쓰이기 시작했다고 한다. 그렇지만 실제로는 깨끗한 물건들이 거래된다. 주로 가구, 보석, 옷, 골동품, 그림, 책, 장식품을 판다. 유럽 큰 도시들의 벼룩시장은 도시의 관광명소로 소개될 정도로 인기가 높다.

　벼룩시장도 전문화되어 골동품이나 오래된 음반 또는 책을 주로 파는 시장들도 나름 유명세를 얻고 있다. 파리, 시드니, 도쿄 벼룩시장이 잘 알려졌지만 작은 도시들에도 알찬 벼룩시장이 많다. 대성당 앞 광장이나 학교 운동장 등 공공장소에서 일주일에 한 번 정도 열리는 작은 시장들도 외지인들이 보기에는 벼룩시장과 다를 바 없다. 이런 시장에서는 중고품 뿐 아니라 지역에서 생산되는 꽃이나 과일, 빵, 치즈 등 신선한 식재료, 공예품, 서민들을 위한 저렴한 옷 등 생필품을 주로 판다.

벼룩시장이 관광 대상이 되었다고 해도 여전히 주 고객은 지역 주민이다. 그래서 시장은 물건을 사고파는 역할 외에도 캠페인을 벌이거나 작은 악단 연주 등 지역 공동체 교류의 장이 되기도 한다. 어떤 곳에서는 주로 이른 아침에 시장이 열리기도 하며, 아침을 준비하는 사람들이 운동 삼아 나와서 빵과 꽃을 사가는 모습을 일상적으로 볼 수 있다.

벼룩시장은 아니지만 비슷한 형태의 장터들도 생기기 시작했다. 미국, 유럽, 호주 등에서는 가라지 세일garage sale이나 야드 세일yard sale이라고 해서 집에서 쓰던 물건을 다른 사람들에게 파는 장터가 있으며, 말 그대로 차고와 마당에서 물건을 파는 것을 말한다. 이런 판매는 통상 사업 허가

를 받지 않아도 되고 세금도 내지 않는다. 물건이 가지고 있는 고유한 가치보다는 훨씬 저렴해서 사람들에게 인기가 좋다. 집 근처 골목에다 주소, 약도, 판매 일시를 적어 놓으면 사람들이 모인다. 일찍 가야 좋은 물건들을 선점할 수 있다. 우리 주택 구조나 도시 상황으로 볼 때 그대로 적용하기는 어렵겠지만, 벼룩시장이나 가라지 세일이 가지고 있는 장점을 활용할 필요는 있다.

한국에서도 벼룩시장이라는 이름이 다양하게 쓰이고 있다. 그 범주도 차차 넓어져 벼룩시장이라는 구인구직, 부동산 신문과 인터넷 사이트는 이미 유명하고 판매 물건에 따라 자동차 벼룩시장, 핸드폰 벼룩시장 등으로 확산되고 있다.

게다가 우리 재래시장도 벼룩시장이나 여타 시장이 가지고 있는 기능을 가지고 있다. 재래시장 또한 사람들이 많이 모이는 공공장소에서 정기적 혹은 비정기적으로 열린다. 그러나 도시에서는 경제적 이익만 추구하는 크고 작은 상점이 있을 뿐 이런 재래시장을 쉽게 찾아보기가 힘들다. 그래서 지역 사람들이 주체가 되는 따뜻하고 소박한 시장이 필요하다. 이런 재래시장이야말로 앞에서 언급한 신문기사가 기대하는 벼룩시장의 모습이 아닐까?

안산에도 고잔동 올림픽회관 앞에서 열리는 작은 벼룩시장이 있고, 초지동에서 5일장 역할도 하는 재래민속시장이 있다. 이를 좀 더 활성화하고 홍보를 지원한다면 알찬 소통과 축제의 장이 될 것이다.

문화로 가는 길

　　문화는 사람들이 살아온 흔적이다. 그 흔적을 논리적으로 정리하고 각색한 것이 문화학이다. 그런데 왜 자꾸 문화를 강조하는 걸까? 문화는 현대인들의 삭막한 정신세계를 감성적으로 충족시켜준다고는 하지만 그 속에 숨겨진 잠재력은 가늠할 방법이 거의 없다.

　　문화는 사람들의 창의적인 욕구와 상상력을 확대 생산할 수 있다. 그렇지만 문화의 가치는 보는 사람들의 수준에 따라 천차만별이다. 문화의 가치를 중요하게 생각하는 곳에서는 문화산업에 초점을 맞추려는 노력을 하고 있다.

　　한국사회가 보다 더 자유롭고 여유가 생기면서부터 한국인들의 문화적 창의력이 크게 발현되기 시작했다. 세계 최고 수준 온라인 게임과 만화, K-POP이라 불리는 대중가요, 한국 영화의 눈부신 성장 등이 그렇다. 최근에는 지역 홍보에도 문화가 적극적으로 활용되고 있다.

화천 감성마을 입구에는 소설가 이외수 선생이 집필중이니 정숙하기 바란다는 안내판이 있다. 지역에 거주하는 문인을 활용한 지역 마케팅 전략이다. 신문 기사에 따르면 2010년 화천 감성마을을 찾은 관광객은 1만3천 명으로 매년 증가하고 있다고 한다. 2012년에는 연간 3만 명 이상 관광객이 찾을 것으로 예상하는 등 화천 감성마을이 전국적인 인지도를 높이고 있다. 얼마 전 화천군에서 산천어 축제가 구제역 파동으로 취소되자 이외수씨가 축제 장소에 직접 나와 인터뷰를 하면서 화천농민 돕기 메시지를 전달하는 등 화천 농민 살리기에도 앞장서고 있다. 이 기사에서 화천군 관계자는 "소설가 이외수 씨가 화천군에 유·무형적으로 미치는 효과는 금액으로 환산할 수 없을 것"이라고 말했다. 이처럼 화천군은 소설가 이외수 효과를 톡톡히 보고 있다.

'그곳이 차마 꿈엔들 잊힐리야'는 고향에 대한 애절한 그리움을 노래한 정지용의 시 '향수'의 한 대목이다. 시인의 고향 옥천은 오래된 마을이지만 우체국과 잡화점, 방앗간, 미용실 등 곳곳마다 시인의 시 구절을 적어 놓았다. 옥천시는 이렇게 마을 분위기를 아련하게 꾸며 감성여행을 유도하고 있다.

안산과 이웃한 소래포구도 지역 홍보에 시인이자 소설가인 윤후명의 소설 『협궤열차』를 활용하고 있다. 소설은 신도시로 개발되기 이전의 안산, 시흥, 소래 갯벌과 해안 간이 역, 포구 그리고 서민들의 빡빡한 삶을 생생하게 묘사하고 있다. 또 벌교는 조정래의 소설『태백산맥』으로 유명해진 고장이다. 소설 속 배경으로 등장하는 벌교를 정밀한 사실화처럼 그렸기 때문에 독자들은 마치 벌교 한 가운데에서 글을 읽는 것으로 착각할 정도다.

안산사람들은 지금 전철과 평행하게 달리는 협궤열차 철로를 보기가 어렵다. 철로변이 공원으로 조성되면서 조그마한 목제 열차 한 칸을 만들어 놓았지만 소설『협궤열차』의 주 무대가 안산이고, 소설가는 안산에서 살다가 소리 소문 없이 이 지역을 떠났다는 사실을 아는 사람은 드물다. 한때 시민들이 협궤열차의 가치를 언급하며 철로 변을 보존하자는 작은 운동도 있었지만 안산시에서는 화답이 없었다.

심훈의 소설『상록수』의 무대는 4호선 전철 상록수 역 이름과 달랑 가파른 언덕 하나만 남긴 채 개발해 버렸고, 안산에서 그림을 배운 단원 김홍도만으로 도시문화를 대표하고, 상징하기에는 뭔가 부족하다. 이렇게 안산시를 상징하는 문화 자원이 사라져가고 있어 안타깝다. 지금이라도 도시를 대표할 만한 문화인들을 양성하고 지원해야 한다.

탄소배출권
거래제

　2011년 2~3월에 탄소배출권 거래제와 관련한 기사들이 연달아 실렸다. 먼저, 2월 초순 한 일간신문에서는 우리나라 연간 이산화탄소 배출량이 세계 9위에서 8위로 한 단계 상승했다고 밝혔다. 미국 에너지정보청 통계를 분석해 기후변화행동연구소가 발표한 자료에 따른 것으로, 2009년 우리나라 이산화탄소 배출량은 2008년에 비해 1.2퍼센트 늘어났다. 배출량이 늘어난 국가는 중국, 인도, 이란, 인도네시아와 우리나라뿐이었다. 10위권 내 선진국들은 모두 7퍼센트 이상 감소했다.

　또 우리나라 국민 1인당 배출량은 세계 평균 두 배 이상이며, 미국을 제외한 주요 선진국보다 높았다. 이런 정황으로 볼 때 앞으로 우리나라 순위는 더 오를 가능성도 있어 보인다. 같은 기간 우리나라 경제성장률은 0.2퍼센트에 불과해 에너지 저효율 경제라는 사실이 통계로 나타난 셈이다.

3월 1일에는 탄소배출권 거래제Emission Trading System: ETS 시행이 늦어지고 있다는 기사가 실렸다. 녹색성장위원회와 환경부는 지식경제부와 산업계의 반발에 밀려 당초 2013년에 도입하려던 이 제도를 2015년으로 연기했다. 정부는 2020년까지 배출 전망치 대비 온실가스 배출량을 30퍼센트 줄인다는 목표를 가지고 배출권 거래제를 준비해왔었다.

배출권 거래제는 온실가스 배출량 감축 목표를 설정하고, 탄소배출권리배출권를 사고팔아 온실가스 감축 목표를 달성하도록 하려는 제도다. 온실가스 감축 의무가 있는 기업 또는 국가가 할당된 양보다 적게 배출해 남은 잉여 배출량과 배출량을 초과한 기업의 초과배출량을 배출권 거래소를 통해서 거래하는 방식이다. 산업계는 목표량 할당이 이 제도의 핵심인데 모든 기업이 이해할 수 있게 할당할 만한 자료가 마련되지 않아 준비가 턱없이 부족하다는 것을 문제점으로 지적했다.

마지막으로 '온실가스·에너지 목표관리제' 대상 업체 선정 과정에서 주요 대기업들이 누락 또는 제외되었다는 기사였다. 목표관리제란 기업이 온실가스 감축과 에너지 절약 효율에 대한 목표를 정하고 정부가 그 이행을 관리하는 제도이며, 모두 468개 업체가 해당되었다.

이들 업체의 배출량이 우리나라 전체 탄소배출량의 61퍼센트에 이르기 때문에 제도를 이행하지 않으면 과태료를 부과한다. 그런데 과태료가 감축량 차이와 관계없이 동일하고, 액수도 적다는 점이 문제점으로 지적되었다. 결국 기업 온실가스 감축 효과가 미미할 것이라는 우려가 제기되고 있다. 어쨌든 배출권거래제도 도입이 빨라야 2015년에나 도입될 예정이므로 적어도 그때까지는 목표관리제 만으로 온실가스를 줄여야 한다.

산업계는 탄소배출권 거래제를 적극 반대하고 있으며, 여러 환경단체에서도 기업과는 다른 이유로 이 제도를 반대한다. 모든 제도에는 장단점이 있게 마련이지만 탄소배출권 거래제는 양쪽에서 공격을 받는 중도적인 정책으로, 가장 현실적이라는 장점이 있다.

또 몇몇 전문가들은 이 제도가 이론적으로는 우수하지만 감시, 행정, 거래에 수반되는 비용이 지나치게 높고, 나쁜 브로커들이 개입할 개연성이 있다는 점을 들어 반대한다. 당사국들 간의 배출권을 직접 거래해 국가별 감축 실적을 인정받는 것이 효과적이라는 의견과 탄소세 도입 등 다른 의견도 나왔다.

무엇보다 탄소배출권 거래제도에 대한 정부의 의지와 충분한 대비에 성패가 달려 있다. 이미 경기도의 일부 지자체들 사이에 탄소배출권 모의 거래가 시작되었으니 이를 잘 지켜볼 필요가 있다. 안산도 생태환경도시로 선언한 이상 이 거래와 제도를 주목해야 한다.

지속가능보고서를
만들어 보자

　　기관이나 기업들은 매년 재무실적 보고서를 만든다. 이것은 법으로 명시되어 있을 뿐 아니라 기업 성과를 한 눈에 볼 수 있으며, 다른 기업과도 비교가 쉽기 때문이다. 그러나 이런 보고서는 어렵고 재미도 없어, 기업 경영자들을 제외한 일반인들에게는 큰 소용이 없었다. 2000년대에 들어서면서 기업들은 경제적인 성과와 사회, 환경적 활동성과를 종합적으로 정리해 공개한 보고서를 발간하기 시작했다. 이전에 어렵고 재미없던 재무 실적 보고서도 보기 쉽게 정리했다.

　　이것을 지속가능보고서Sustainability Report 또는 지속가능경영보고서라고 하며, 일부에서는 사회적책임보고서, 환경경영보고서라고도 한다. 기업들은 왜 굳이 이런 보고서를 발간할까? 다양한 성과 소개는 건전한 경영을 하는 기업, 좋은 기업이라는 이미지를 심어주고, 좋은 이미지는 기업 성공에도 필수적인 요소이기 때문이다.

금융위기 이후에는 세계적으로 좋은 기업에 대한 평가 기준이 변하고, 자원과 기후변화가 기업 실적에 직접적인 영향을 미치면서 비재무적 성과의 중요성이 커지고 있다. 한국도 예외는 아니다.

유엔환경계획UNEP과 미국 환경단체인 환경책임경제 연대CERES*는 1997년 기업, 정부, 노동계, 시민사회단체 등을 참여시켜 지속가능보고서와 관련된 새로운 국제기구인 GRIGlobal Reporting Initiative를 창립했다. 2000년, GRI는 국제적으로 가장 인정받는 지속가능성 보고 가이드라인을 마련했고, 2002년 두 번째 가이드라인이 발표된 이후 전 세계적으로 이 가이드라인을 참조한 보고서 작성이 크게 증가했다. 2006년에는 세 번째 가이드라인 G3가 발표되었다. 2008년 자료에 따르면 GRI에 등록한 지속가능보고서 발간기업은 4천287개이고, 포춘지가 선정한 250대 기업 중 70퍼센트, 일본 상장기업의 80퍼센트가 보고서를 발간하고 있다. 중국은 2006년 23개에 불과했던 발간 기업이 2009년에는 533개로 폭발적으로 늘어났다. 한편 우리나라는 2003년 삼성 SDI가 처음 발간한 이래 2010년에는 87개 기업이 보고서를 작성했다.

지속가능보고서 가이드라인에는 기본 틀만 제공하므로 보고서 작성은 비교적 자유롭고 융통성을 가지고 있다. 내용을 보면 우선 기업이나 단체의 비전, 전략, 지배구조, 경영체제, 성과로 나뉘고, 성과는 경제고객, 공급, 임직원의 임금이나 후생복지 비용 등, 사회교육, 인권, 고용, 노사관계 등, 환경생물다양성, 온실가스 · 오염물질 · 물 사용 등 등 세 분야로 구분

---

* Coalition for Environmentally Responsible Economics

한다. 국내 보고서에는 직원 가운데 여성이나 비정규직 비율과 기부 액수 등을 포함하는 경우도 있다.

지방자치단체들 중에서는 강동구가 전국 최초로 지속가능보고서를 발간했다. 강동구가 최근 발간한 2010 지속가능보고서에는 경제, 환경, 사회통합 부분 성과들이 나타나 있다. 게다가 2020년까지 온실가스 배출량도 전망치 대비 30퍼센트까지 감축해 환경도 지키고 지자체 수입도 늘리려는 계획 등 쾌적한 환경 부자도시로 향한 장기 전략도 보여주었다. 안산시도 10년 이상 생태도시 또는 환경도시를 지향해 온 만큼 그동안의 성과를 시민들이 알기 쉽게 보여주어야 할 때다.

전통 마을 이야기

　　우리나라 농촌과 어촌 마을은 기본적인 의식주를 자연에 의
존해왔으며 신앙까지도 연계해왔다. 때로는 자연의 균형을 맞추기
위해 숲을 보완하거나 시설물을 만들기도 했다. 이런 것을 풍수비
보라고 하며, 지금의 지식에서 보면 마을에 나쁜 영향을 주는 바람
길을 막았거나 생태계 기능을 보완한 것으로 판단된다.

　　어쨌든 이런 것들은 공동체의 평안을 바란 것이기에 가능했다.
자연에 대한 공통 의식은 공동체에 소속된 사람들 간의 끈끈하고
유기적인 관계를 형성했고, 이러한 공동체 의식이 곧 전통이 되었
을 것이라 짐작할 수 있다.

　　마을은 주로 시골에서 몇몇 살림집들이 무리를 이룬 형태를 말
한다. 한 인터넷 사전에서는 비슷한 단어로 '촌락'을 설명해 놓았는
데, 사전에 따르면 촌락은 "인류생활의 근거가 되는 취락의 한 유
형. 도시에 대응하는 개념으로 주로 농림 · 수산 · 목축업과 같은
제1차 산업에 의해서 생활하는 지역사회"를 말한다. 촌락은 시대

나 지역 차에 따라 다양하게 나타나며 주로 물을 얻기 쉽고 토지생
산성이 좋으며 교통이 편리한 곳에 위치한다. 우리나라에서는 전
통적으로 배산임수背山臨水 지역에 많이 형성되었다.

이와 같이 마을이 만들어질 때는 단순히 평지이거나 경치가 좋
아서가 아니라, 교통이나 자연과의 접근성, 외적의 침입, 에너지
효율 등을 다각적으로 고려했다. 서해안에서 바다를 바라보고 마
을을 형성한 곳은 단 한 곳도 없다. 바닷가 사람들은 겨울철 서풍
의 혹독함을 잘 알고 있었기 때문이다. 배산임수도 실은 자연을 효
과적으로 이용한 것이다. 마을을 감싸고 있는 뒷산이 겨울에는 찬

바람을 막아주고, 여름철에는 마을로 선선한 바람을 불어주기 때문이다.

일본 정부와 학계는 이러한 우리 전통과 유사한 지식을 자신들의 독특한 자산으로 만들어 다른 나라에 전파하고 새로운 가치를 창출하고자 했다. 그래서 십 수 년 전부터 수백 명의 학자들을 동원해 전통지식을 수집하고 정리해 국제회의가 있을 때마다 학자들에게 발표하게 했다. 그래서 사토야마里山라는 용어가 세계 학계에서 '일본사람들의 전통 생활양식'이라는 뜻을 지닌 새로운 일반명사로 쓰이기를 기대했다. 왜냐하면 그것이 상품을 수출하는 것보다 더 가치 있는 일로 판단했기 때문이다. 그래서 2010년 나고야에서 개최된 유엔 생물다양성협약 총회에서 서로 반대되는 일을하는 두 부서, 국토성과 환경성이 함께 나서서 대대적인 홍보를 펼쳤던 것으로 보인다.

이 행사에 참석한 국내 학자들은 우리 마을이 가지고 있는 독특함이 더 동양적이면서 다양한 생태적 의미가 있다고 판단하면서도한편으로는 일본 정부가 전통지식에 대한 가치를 인정하고 아낌없이 지원하는 것에 부러움을 나타냈다. 사실 몇몇 국내 학자들도 오래전부터 한국 전통마을 구조가 가지고 있는 환경적, 정신적 가치를 연구해왔지만 정부 지원을 받은 것은 아니다.

안산 역시 대도시이면서 우리 시골 마을이 가지고 있는 정서를지녔다. 아직까지 마을이나 이웃끼리 정이 넘치는 지역들이 많은

데도 재건축을 결정할 때는 이런 내용들을 고려하지 않아 안타깝다. 이웃 수원은 이미 마을의 의미와 중요성을 간파하고 마을 만들기 사업을 진행하고 있다.

한편 파주시 헤이리 마을은 전통 마을은 아니지만 새로운 형태의 취락구조를 만들어 새로운 가치를 생산해 내고 있다. 아파트 이름도 '빌리지'나 '맨션'보다 '마을'이 더 세련되어 보이는 것은 이런 의식 변화와 무관하지 않은 것 같다.

도시 비전 찾기

환경,
도시의 브랜드 가치가 된다

　　도시는 자연과 반대 개념으로 보는 시각이 일반적이다. 사람들이 모여 도시를 건설하면 자연을 훼손하거나 파괴할 수밖에 없기 때문이다. 그래서 도시의 발전과 자연의 소멸은 역사가 같다. 그런데 도시에서 사는 사람들은 정작 자연을 그리워한다. 그래서 그들은 경제 여건이 나아지고 삶의 질이 향상되면 도시 속에 자연이나 전원을 되살리려고 노력한다.

　　좋은 도시라는 의미도 어쩌면 사라져 버린 자연을 얼마나 실제 모습으로 재현하는가에 달려 있다. 도시계획에서는 복원이라는 단어가 자주 등장한다. 역설적이지만 숲이나 하천을 복원하고 나면 주변 지가가 상승하기 때문에 도시 사람들이 자연이나 환경의 가치를 더 크게 인식하는 것 같다.

　　1994년, 시화호는 방조제 물막이 공사 완공 이후 냄새가 지독하고, 물고기가 자주 떼죽음을 당하는 등 수질이 악화되어 언론에 자주 등장하기 시작했다. 그래서 1997년, 해수를 유입시켰고, 2000년에는 결국 담수화를 포기했다. 해수 유입 후 수질은 향상되었지만 자연 상태처럼 되려면 갈 길이 아직 멀었다. 정부는 계속해서 많은 예산을 투입했지만 획기적인 성과는 거두지 못했다. 호수 상류 퇴적물 속에는 발암물질인 유기오염물질이 포함되어 있어 단순히 수질문제로만 볼 일도 아니다.

한때 시화호 주변에 지정폐기물 처리장을 건설하려는 시도가 있었으나 지역 주민들의 항의로 무산된 적이 있다. 이후 시민들은 안산시가 수도권 제조업에서 발생하는 산업지정폐기물의 70퍼센트 이상을 지역 산업단지에서 처리한다는 사실을 알았고, 당시 환경부는 안산과 시흥이 다이옥신 배출 농도가 전국 최고라는 사실을 발표했다. 다이옥신은 음식물로 섭취를 통해 인체에 농축되면 암을 유발하는 물질이다. 안산시가 전국에서 다이옥신 배출이 최고로 높다는 불명예는 3년이나 지속되었다.

안산에서 소각되는 지정폐기물은 단위 면적평방킬로미터 당 연 1천559톤으로 전국 평균의 56배에 달했다. 다이옥신 전국 최고 농도는 어쩌면 당연한 결과였다. 게다가 악취까지 늘어 시민들의 분노와 불안은 고조되었고, 도시 이미지는 부정적으로 변했다. 아울러 안산시 브랜드 가치도 떨어질 수밖에 없었다*. 그래서 시민들과 안산시, 경기도는 이 문제를 해결하기 위해 다양한 노력을 기울였다. 국회에서도 오염 유발업체 입주 제한 관련법을 발의해 안산

---

* 이 도시 이미지는 지금까지 완전히 해소되지 않고 있다.

시의 대기 질을 획기적으로 개선했다.

그러나 경기도는 2010년 4월 12일 특정 대기, 수질에 유해한 물질이나 지정악취물질을 발생시키는 사업장 중 96개 업종에 한해 심의를 거쳐 안산 내 산업단지 입주를 허용하는 쪽으로 제한지침을 개정했다. 아직 안산시와 시화호 대기환경이 불안정한 상태에서 이러한 조치는 안산시를 고려하지 않은 처사다. 이는 안산시의 브랜드 가치 하락은 물론이고, 건전한 투자 의욕을 낮추며, 녹색도시나 환경도시로 나아가는 길에 심각한 걸림돌이 될 전망이다.

환경을 개선하면
관광도시가 된다

안산 시민들은 이제 환경오염에 대한 이야기를 예전만큼 하지 않는다. 아직 완전치는 않지만 시화호의 수질오염이 개선되고, 대기환경도 크게 나아졌기 때문이다. 반면에 도시의 편리함과 쾌적함에 대해서, 특히 교통에 대해서는 자주 이야기한다. 안산이 계획도시라서 도로가 널찍하고, 고속도로와의 접근성이 아주 편한 덕분이다. 지방으로 여행을 다녀보면 안산 교통의 이점을 쉽게 깨닫는다. 한편, 녹지 공간도 자랑거리지만 시민들이 자부심으로 느낄 정도는 아닌 것을 보면, 자연성 보완이 더 필요해 보인다.

어떤 도시든 그 도시가 불리길 원하는 별명이 있다. 별명과 이미지가 적절하게 부합하면 도시 성장에 큰 도움이 된다. 1980년대 안산시가 내세운 이름은 '전원산업工業도시'였다. 어울리는 명칭이었다. 날로 발전하는 국가산업단지가 있고, 그때까지만 해도 도시 주변에 논과 밭, 호수가 펼쳐져 있었으니까. 이후에는 산업에 첨단이 붙고, 전원이 녹색으로 바뀌다가 신도시가 개발되고 나서는 녹색이 슬그머니 사라졌다. 그리고는 해양, 문화, 교육, 환경, 관광 등이 단독 또는 복합적으로 사용되다가 최근에 다시 '녹색성장'이 도시 별명으로 등장했다.

열거된 모든 단어 중 어떤 것도 도시의 비전으로 가져가도 문제될 것이 없다. 하지만 일관성 없이 자주 바뀌는 도시 별명에 시민들은 애정을 가질 수가 없으므로 도시의 이미지 형성에 도움이 되지 않는다. 도시를 특정 짓는 이름은 지향하는 바가 분명해야 하고, 위치와 특징 등 다양한 요소들을 고려해야 한다. 그렇다고 도시의 자랑거리를 모두 열거할 필요는 없지만, 한 특성을 살리되 다른 요소들을 무시하거나 경시하지는 않아야 한다.

안산은 환경오염 문제로 아픔을 겪은 도시이면서 서민들이 모여 사는 도시라는 이미지가 대내외적으로 강하다. 반월·시화산업단지와 시화호는 돌이킬 수 없지만, 이들로 인해서 도시의 지명도가 높아진 것도 사실이므로 일종의 상수上數이다. 이 점이 다른 도시와 구분되는 점일 수 있다. 여러모로 도시에 부정적인 영향을 미쳤던 이미지를 긍정적으로 바꾸는 것이 가장 중요하다. 변신에 성공한다면 이는 도시 홍보에 가장 빠른 길로 지명도를 높이는 데 크게 기여한다.

환경도시 개념 중에는 오염되었던 산업도시들이 환경적으로 크게 개선한 경우가 포함된다. 예를 들어 세계적인 환경도시 일본 키

타큐슈, 브라질 꾸리찌바, 독일 프라이브르크도 과거에는 오염 문제로 심각한 후유증을 겪은 산업도시였다. 안산은 어차피 환경을 개선해야 하는 상황이므로 이중 삼중으로 이미지 개선을 위해 노력할 필요가 없는 이유가 여기에 있다. 세계적으로 좋은 모델들도 있지 않은가. 성공적인 환경도시로 변모하면 그 이름에 걸맞은 문화와 교육 수준이 뒤따르고, 관광도시로서의 면모도 갖출 것이다. 위의 도시들도 환경적으로 크게 변모한 모습을 보러 오는 사람들이 많아 아주 자연스럽게 관광도시가 되었다. 이 도시들도 관광도시를 추구한 바가 없었다는 점을 기억하자.

한 도시의 성공 비결은 멋진 이름과 비전만으로 충분하지 않다. 무엇보다 선한 권력이 존재해야 한다. 선한 권력은 선한 정책을 만들고 선한 정책은 시민들을 행복하게 만든다. 물론 여기에는 뛰어난 통찰력과 능력이 뒤따라야 한다. 비전을 달성할 뚜렷한 목표와 행동지침을 잘 선정하고, 이것을 차질 없이 수행할 수 있는 정책 결정자들의 의지와 신념이 필요하다. 무엇보다 중요한 것은 서민들에 대한 애정과 그들의 삶의 질 향상에 대한 열정이다. 그래야 시민이 행복한 도시가 될 수 있다.

새로운 도전이 필요하다

안산은 경기도 중부 해안에 위치한 인구 75만의 대형 도시*이며, 인천과 약 32킬로미터, 서울과는 약 37킬로미터 떨어져 있어 두 도시와 거의 정삼각형을 이룬다. 여러 고속도로가 인근을 지나고 고속철도역과 국제공항이 30~40분 거리에 있는 교통의 요충지다.

안산은 경기도에서 가장 큰 해역, 가장 긴 해안선과 자연성 높은 갯벌을 가진 해양 도시이다. 시화호가 만들어지면서 대부도, 선감도, 불도, 탄도가 육지와 연륙되었고, 이후 이 섬들이 안산에 편입되었다. 시화호도 해수호이므로 안산 도심도 바다와 접해 있는 셈이다. 이처럼 안산은 지리적 상황이 독특하다. 그러나 풍부한 해양자원을 어떻게 하면 현명하게 이용할 것인가는 제대로 검토하고 있지 않다.

또한 안산은 국내 최초 대단위 계획도시이자 산업단지 배후 도시다. 도시는 2단계에 걸쳐 조성되었고, 안산시 관내에는 국내에서

---

* 현재 인구는 76만 명이 조금 넘으며, 우리나라에서는 50만 명이 넘는 도시를 대도시라고 한다.

가장 큰 중소기업 중심 산업단지인 반월·시화산업단지*가 있다.
그래서 안산에만 5천 개가 넘는 기업들이 있다. 이처럼 기본적으로
는 산업도시이지만 어촌과 농촌이 있고 대부도를 찾는 사람들이 연
간 500만 명이 넘어 관광산업 발전의 여지가 높다. 다양한 산업이
함께 발전할 수 있는 독특한 도시 구조를 가지고 있는 것이다.

안산 시화호는 1994년 물막이 공사가 완공된 이후 심각한 수질
문제로 오랫동안 몸살을 앓았고, 아직도 완치된 상태는 아니다. 뿐

---

*반월·시화산업단지는 시흥·안산 스마트허브(SmartHub)로 명칭을 바꾸고, 발전을 위한 새로운 변모를
추구하고 있다.

만 아니라 도시 서쪽에 위치한 산업단지에서 배출된 악취와 다이옥신이 심각한 사회문제로 야기된 적도 있다. 당시 반월·시화 산업단지에서 수도권 지정폐기물을 70퍼센트 이상 소각하고, 오염 배출 업체가 여러 곳 적발되는 등 관리가 소홀했던 탓이다. 이렇게 안산의 부정적 지명도를 높인 환경 문제는 반대로 안산의 브랜드 가치로 전환시켜 도시 자산 가치를 높이는 기회로 만들어야 한다.

안산에는 경기도 미술관이 있고, 전국 규모 미술전이 자주 열리며, 수백 명의 화가가 안산에 거주하거나 작품 활동을 하고 있다. 안산처럼 도시에 큰 전시관이 여러 곳 있어 수시로 다양한 전시회가 열리는 곳은 매우 드물다. 아울러 안산 대학들에 디자인, 문화, 예술분야 학과가 많다는 것은 창조적 산업 발전을 위한 인프라가 이미 구축되었다는 것을 의미한다. 또, 다문화 도시 안산에는 많은 외국인 근로자들이 살고 있다. 다양한 가치와 유형을 가진 문화를 도전과제로 삼는다면 안산은 분명 다른 도시와 차별화된 브랜드 가치를 강화할 수 있는 장점을 가진다.

안산은 안산의 문제를 독자적으로 극복해온 경험이 있다. 특히 환경문제가 부각되었을 때 안산 풀뿌리 환경단체들을 중심으로 잘 극복해냈다. 그러한 저력으로 전국에서 처음 '지방의제 21'를 만들었고, 지금은 전국에서 사회교육 활동이 가장 왕성한 도시다. 이는 안산시민사회 주류가 도시의 미래와 진행 방향에 깊은 관심을 갖고 있으며, 도시의 각종 활동에 적극 참여하리라고 예측하게 한다.

앞서 말한 모든 분야가 도시 발전에 중요하지만 경제가 이를 뒷받침하지 못해, 시민들 각각이 행복하지 않다면 모래 위에 성을 쌓는 것과 같다는 것을 기억해야 한다. 그러므로 경제 문제를 중앙정부에만 의존하지 말고, 도시 자생력을 살려 서민들의 삶을 보살피는 시정이 필요하다. 거기에다 모든 정책을 투명하고 공정하게 집행한다면 안산은 반드시 크게 도약하게 될 것이다. 이제 도전에 나설 때이다.

서민들이
행복한 사회

　　얼마 전 서울 영등포구에 새로 지은 대형 빌딩에 주차한 적
이 있다. 기계에서 주차권을 뽑고 건물에 들어가 업무를 마치고 나
올 때 사무실로부터 주차 확인 도장을 받았다. 자동판매기 같은 기
계에서 다시 '요금 없음' 확인을 거쳐 주차장을 나올 때 주차권을
넣으니 차단대가 열렸다. 이렇게 모든 과정을 기계로 처리하는 동
안 주차업무를 보는 사람은 보지 못했다. 사람이 편리하도록 만든
첨단시설인데 오히려 사람이 기계로부터 소외되고 있는 건 아닌가
싶었다.

　　이렇게 만들어지는 국가의 성장이 바로 고용 없는 성장일 것이
다. 컴퓨터와 스마트폰을 생산하는 공장은 자동화되고, 결국 기계
는 노동자들을 대체한다. 시장주의에 익숙한 기업들은 기계로만
움직이는 생산 체제에 만족할지 모르지만 그런 체제는 결국 소수
만의 행복이 될 가능성이 높다.

노동자의 근로조건이 바뀌거나 일자리를 잃게 되면 가계 소득은 낮아지고, 이 가정들의 불안정한 생활이 지속된다. 결국 노동력 대체가 계속 늘어나면 실업률이 높아져 사회는 불안정해진다. 사회가 불안해지면 노동력이 필요한 기업도 외국으로 생산시설을 이동한다. 재벌 형태의 대기업은 기업 수익을 지속적으로 늘리기 위해 대량 생산을 하고, 금융 사업뿐만 아니라 전국 체인망을 가진 유통 사업까지 관여하게 된다. 대형 마트가 들어서면 지방이나 도시 골목 시장, 영세 상점들은 줄어들고, 수익은 대도시로 몰린다. 젊은 사람들은 일자리를 찾아 더 큰 도시로 떠나고, 절대 주택 수는 적지 않은데도 도시는 늘 주택난에 시달린다.

그래도 일자리는 늘지 않고, 결국 소득이 줄어든 가정은 문화비, 병원비, 식비, 교육비를 줄인다. 소득이 낮거나 없는 생활이 이어지면 가족들이 흩어지거나 붕괴되기도 한다. 이런 현상은 저소

득 사회에서 발생하는 다양한 문제들의 근본적인 원인이다. 범죄가 늘고, 자살률이 증가하는 등 사회적 불안감이 조성된다.

정부는 이런 문제를 해결하기 위해 세금을 동원한다. 이렇게 세금을 쓰는데 고소득 계층이 동의하지 않으면 소득 계층 간 불화가 생긴다. 이럴 때 정부가 고소득자 편에 설 경우 사회에 내재된 불안감과 불신감은 증폭된다. 소득의 차이에 따라 교육이나 건강 상태까지 격차가 발생하게 되면 이는 극복할 수 없는 양극화로 치닫는 원인이 된다.

통계청 발표에 따르면 2009년 말 소득기준 빈곤층은 305만 8천 가구로 추산되었다. 이는 우리나라 전체 가구 수, 1천691만 여 가구의 18.1퍼센트 수준이다. 빈곤층의 비율은 2006년 16.7퍼센트, 2007년 17.4퍼센트에 이어 시간이 지날수록 빠르게 늘고 있다. 빈곤층 월 평균 소득은 80여만 원에 불과하다. 이 액수는 한 사람의 최저임금 수준이다. 중산층 역시 2007년 60퍼센트 이하로 떨어진 이후 계속 낮아지고 있다. 이것만 보더라도 위에 언급한 부정적 사회 발전단계를 걱정하지 않을 수 없다.

안산은 어떨까? 굳이 통계를 보지 않더라도 수도권 도시들 중 가장 열악한 상황이다. 따라서 안산은 서민들 삶의 질 향상과 복지에 더 많이 신경 써야 한다. 서민들이 행복해야 도시가 행복해지고, 사회가 행복할 수 있기 때문이다.

전통 있는
도시를 만들자

안산은 계획도시지만 1천500년 전부터 마을이 형성된 기록이 있고, 안산이라는 지명이 처음 쓰인 것은 1천 년 전이다. 고구려 때 이곳은 고사야홀차현古斯也忽次縣이라 했고, 고려 초기에 안산이라는 지명이 처음으로 등장했다. 조선시대만 하더라도 안산은 전략적인 요충지에 물산이 풍부한 고장이었다. 그러나 시민들은 대부분 이런 역사에 대해 잘 알지 못할뿐더러, 안다고 한들 안산의 전통에 대한 자부심이 생길지는 의문이다.

전통은 과거부터 전해 내려오는 문화유산을 말하며, 한 사회나 지역이 장기간 축적해온 물질적, 정신적 정보체계다. 그러므로 새로운 문화를 창출하는 데 반드시 필요하다. 때로는 지역사회의 전통에 대한 지나친 애착이 타 전통에 대한 배타적인 성향으로 변질되는 경우도 있다. 하지만 전통은 대체로 지역사회 시민들에게 정신적 자양분을 제공하고 공동체로서 정체성을 확보하는 데 긍정적

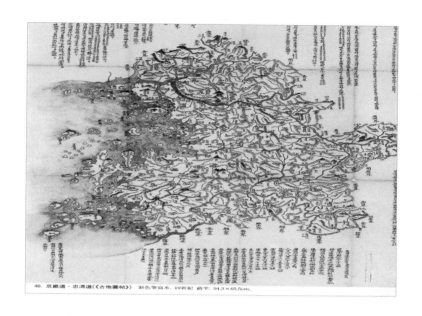

46. 京畿道·忠淸道(《古地圖帖》) 彩色筆寫本. 19世紀 前半. 94.3×65.5cm.

으로 작용한다. 그래서 모든 도시에 있는 문화원들은 국가 문화유산의 홍보와 전파보다는 지역의 독자적인 문화 발굴과 그 문화를 계승하는 데 초점을 맞추고 있다.

안산을 살펴보면 전통 가옥과 취락구조 등 가시적인 유산들은 신도시 건설과정에서 제대로 된 가치 평가 없이 거의 다 소멸되었다. 극히 일부 존재하는 것도 단편적이거나 지역 전통유산이라 하기에는 부족하다. 선진국에서는 이미 문화가 창출하는 가치를 전통 계승과 경제적 성과, 두 마리 토끼를 잡는 것으로 인식하고 있다.

시흥 월곶과 인천 소래시장은 작은 갯골 수로를 마주하는 어시장이다. 사람들은 편리하고 깔끔한 월곶보다 오래된 소래시장을 더 많이 찾는다. 또 세련된 강남 가로수길보다 상대적으로 투박한 강북 삼청동길이 더 뜨는 것은 순전히 문화의 힘 때문이다. 현대식으로 지어진 월곶 어시장과 화려한 가로수길에 비해 소래시장은 오래된 만큼 전통이 있고, 구불구불 좁은 골목과 작은 기와집이 있는 삼청동거리가 더 한국적이기 때문이다. 전통은 사람들의 마음을 더 편안하게 해준다. 게다가 외국인이나 우리나라 사람들 너나 할 것 없이 자연스럽게 느낄 수 있다.

최근 옛 미술과 현대 미술을 한 공간에 전시하는 삼청동 화랑을 방문했다. 그런데 우리에게 익숙한 회화보다는 한국적인 소재를 사용한 특이한 줄무늬 그림이 현대미술의 대표로 전시되어 있었다. 이 작품들이 고려, 조선시대 대가들의 회화나 서예 작품들과 어깨를 나란히 하고 있었다. 큐레이터는 "서양미술 모방은 아무도 주목하지 않는다. 우리 것이어야 한다. 이들의 작품이 비록 부족한 점이 없지는 않지만 우리의 정신과 재료를 나타내려고 하는 진지한 노력이 높게 평가받고 있다"고 설명했다. 이 작품들은 이미 외국 유명 전시관들로부터 초청을 받았다고 한다.

이제 안산도 안산만의 문화전통을 만들어가려는 노력이 필요하다. 그것은 안산 미래 세대들이 우리 도시 유산이라고 인정할 만한 것이어야 한다. 결국에는 도시의 가장 큰 경쟁력이 될 것이다.

안산,
환경생태도시 맞나?

안산은 시화호 수질오염과 산업단지에서 배출되는 여러 가지 물질들에 의한 대기오염으로 오랫동안 부정적인 도시 이미지를 가지고 있었다. 그래서 지방자치단체제도가 시작된 이후 줄곧 녹색도시나 환경생태도시가 시정의 방향이었다. 지금도 안산시를 대외적으로 천명한 것은 환경생태도시이고, 이 비전을 달성하기 위해 새로운 제도와 조직까지 만들었기 때문이다.

특히 안산시는 2008년 8월 환경부와 전국 기초단체 가운데 처음으로 '안산시 환경생태도시 만들기' 협약을 체결했다. 협약에는 지자체단위 배출권 거래제 실행, 온실가스 줄이기 실천운동 전개, 신재생 에너지 시설 확충 등 기후변화에 적극 대응하는 정책들이 포함되었다. 또한 하천생태계 복원과 신 환경 건축물 설치 등 도시 생태계를 적극 관리하려는 내용들도 들어갔다. 나아가 저탄소 녹색성장 도시를 지향하며, 에버그린 환경 인증제를 추진하고, 전국 최초로 지방자치단체 출연 환경재단을 설립하는 등 획기적인 아이디어까지 담겨 있었다. 그 환경재단이 바로 '에버그린 21'이다.

그러나 위의 협약 중 환경재단 설립이 지금까지 유일하게 실천한 내용이다. 게다가 불끄기 운동 캠페인 같은 환경운동도 열심히 했고, 화정천 복원이라는 명분으로 하천사업에 큰 예산도 투입했지만 이것들은 안산 도시생태계 살리기와 도시 전체 온실가스 배출 총량의 실질적인 저감과는 거리가 멀었다. 협약 이후에도 공원 수는 줄고, 전시성 꽃밭만 늘었으며, 화정천 생태 하천 계획은 청계천 본뜨기로 변했기 때문이다. 이뿐만 아니라 중앙정부가 제안한 갯벌 습지보호구역 지정도 거절했고, 경기도 유해물질 배출 업소의 안산 산업단지 입주에 대한 경기도 정책에도 손을 놓고 있었다.

이처럼 정책의 시행착오에도 불구하고 환경생태도시에 대한 확고한 의지만큼은 단체장이 바뀌어도 지속되고 있다. 에버그린 21 운영진에 시장이 가장 신임하는 사람들이 나섰기 때문이다. 이제 이 재단이 하기 나름이겠지만 이전 때처럼 그린워싱green washing* 정책으로 일관할지는 두고 볼 일이다. 어쨌든 환경생태도시를 추진할 주체가 있는 것은 긍정적이다. 시민들은 재단 설립이 유행에 따른 선언으로 그치거나 단기적 정치 목적이 아닌 장기적이고 실질적인 계획을 추진하는 동력이 되기를 기대할 것이다.

2013년에도 세계에서 가장 살기 좋은 도시Most Livale Cities 2013가 발표되었다. 도시의 어떤 요소를 평가해 선정했는지 주목할 필요

---

* 그린워싱(green washing)은 green과 white washing(세탁)의 합성어로 기업들이 실질적인 친환경경영과는 거리가 있지만 녹색경영을 표방하는 것처럼 홍보하는 것을 말한다.

가 있다. 살기 좋은 도시가 되려면 안전, 인프라, 교육, 보건, 문화, 생활여건도 중요하지만 환경·문화적인 요소 또한 배제할 수 없다. 그리고 시민들 의식이나 태도와 시정이 같은 방향이 되도록 하는 것이 무엇보다 중요하다. 그러려면 시정에 생활 환경 개선 계획에 관한 확실한 목표가 드러나 시민들로부터 신뢰를 얻어야 한다.

우리나라에서 생태도시나 환경도시를 표방하는 도시는 창원, 순천, 제주도, 가평, 울산 등이 있으며, 그중 몇몇 도시들은 가시적인 성과를 나타내고 있다. 순천은 하천 하구 갈대밭을 그대로 두고 습지보호지역으로 지정해 2013년, 300만이 넘는 방문객을 유치했고, 약 천억 원의 경제 효과를 거뒀다. 이처럼 도시는 끊임없이 진화해 브랜드가 되기도 한다. 도시 브랜드의 가치는 시민들이 자긍심을 가지고 적극적으로 동참할 때 비로소 빛을 발한다. 안산도 환경생태도시로 거듭나길 기대한다.

좋은 일자리가 많은
도시로 만들어야 한다

　　2010년 말, 'ㅅ' 전자 등기임원 평균 연봉은 약 47억 원이었고, 신임 사장단 연봉은 20억 원이 넘었다. 이 기업을 비롯해 임원 연봉이 20억 원이 넘는 기업은 7개였다. 이런 뉴스 이면에는 자본주의 사회에서 높은 연봉을 받는 사람들이 늘어나는 것이 바람직한 현상이라는 점을 은근히 심어주고 있는 듯하다.

　　이와 정반대의 뉴스도 있었다. 우리나라 노동자 10명 중 3명이 월급을 100만원도 못 받았다. 이 3명, 즉 전체 일하는 사람들의 30퍼센트가 잘해야 1년에 1천만 원 정도를 받는 셈이다. 그러니 두 집단 연봉 격차는 200~470배나 된다.

　　세 번째 뉴스는 2011년 중소기업 상근직 직원 임금이 대기업의 74.3퍼센트이고, 전년도에 비해 3.5퍼센트나 더 격차가 벌어졌다는 것이다. 이런 격차는 한때 중소기업 임금이 대기업의 90퍼센트 가까이 되던 1990년대 이후 지난 20년간 꾸준히 늘어난 결과다.

70퍼센트는 수치상으로 큰 차이가 없는 것처럼 느껴질 수 있지만 이 뉴스를 자세히 들여다보면 안산 지역 두 산업단지에 있는 중소기업 평균 임금은 대기업에 훨씬 못 미치는 수준으로 실제 격차는 더 클 수 있다.

왜 이런 일이 벌어졌을까? 경제위기에 직면하자 기업이 먼저 살아나야 근로자도 잘 살게 될 거라는 단순한 논리 때문이다. 그래서 국가가 대기업에게는 소액 근로자와 비정규직을 채용할 수 있는 권한을 주고, 각종 규제를 풀어주었지만 중소기업과 노동자 몫이 줄어드는 것은 모른체 해왔다. 이처럼 기업과 정부가 주변이나 이웃을 생각하지 않고 자신들 이익만 추구하게 되면 사회적 약자는 늘 손해를 볼 수밖에 없다.

그런데 문제는 대기업이 성장하고 여유가 생겼는데도 그 기업들로부터 하청을 받는 회사나 주변 중소기업들의 여건이 나아지기는커녕 상대 임금이 점점 낮아지고 있다는 점이다. 국민 다수를 차지하는 소액 근로자들이 살기 어렵게 되면 어떻게 될까? 소비가 얼어붙고, 신용불량자가 늘어나 더 많은 사람들이 은행이나 자본에 얽매이게 된다. 그리고 사회 양극화현상에 대한 극단적인 불만이 쌓이고 희망이 줄어들면 결혼률이나 출생률이 낮아지게 마련이다. 그래서 우리나라가 OECD 국가 중 자살률 1위이고, 청년 자살률이 계속 증가하는 현상을 주목해야 한다.

문제 해결은 간단하다. 대기업이 이익에 대한 욕심을 조금 줄이고, 좋은 일자리를 창출하고자 노력해 정규직을 늘려나가는 것이다. 가장이 정규직인 가정은 자연히 안정을 찾게 되고, 이런 가정이 소비를 늘리면 결과적으로 대기업이나 나라 경제에 큰 도움이 될 수 있다. 또 고액 소득자의 헌금이나 기부를 통해 소득이 재분배되게 하는 사회적 윤리나 구조를 마련해야 한다. 선진국이란 이런 선순환 구조가 있어 사회적 약자의 생존에도 큰 지장이 없는 나라를 말한다. 말로만 하는 선진국은 의미가 없다.

안산에서도 우리 사회의 잘못된 현상이 충분히 나타날 수 있다. 그렇기 때문에 시 운영에서도 이런 선순환 구조를 만드는 일을 최우선으로 삼아야 한다. 살기 좋은 도시는 좋은 일자리가 많은 도시이기 때문이다.

모든 것이 로마로 통하게 한 비결

　　일본 여류 작가 시오노 나나미의 『로마인 이야기』는 전 15권으로 수많은 사람들이 읽은 베스트셀러다. 평소 읽고 싶었지만 기회를 못 찾다가 서점에서 이 책의 요약본 형태인 『또 하나의 로마인 이야기』를 발견했다. 이 책은 저자 주관이 크게 반영되었지만 『로마인 이야기』 전권의 요약본이라 해도 괜찮을 책이었다. 미래 지도자가 되고 싶은 학생들이나 현재 사회적, 정치적으로 지도자인 사람들에게 권하고 싶다.

　　로마는 기원전 8세기에 성립된 이탈리아 중부의 작은 도시국가였으나 유럽, 아시아, 아프리카 일부, 지중해 전체를 지배한 대 제국으로 발돋움해 동·서 로마로 분리되기 전까지 천년 넘게 한 국가를 유지해왔다. 민주정치 체제, 법률, 징수제도, 복지제도, 징병제도, 이민정책, 국방 및 군사체계 등은 오늘날 유럽의 토대를 만들었으며, 지금도 전 세계 많은 국가에서 통용되는 국가 운영 체계다. 30만 킬로미터에 이르는 도로망은 로마시대 도시를 연결해 "모든 길은 로마로 통한다."는 말이 나오게 했다. 로마시대 정치, 군사 중심지였던 그 도시들은 2천년이 지난 지금도 유럽의 대도시다. 로마가 세계 최초 보편국가로서 장수하면서 오랜 기간 지중해 일대의 안정과 발전에 기여할 수 있었던 데에는 특별한 이유가 있었다.

첫째는 항상 국민들의 생각과 여론을 반영하는 민주적 정치체계를 갖추었다. 로마황제는 중국황제처럼 절대 권력을 가진 존재가 아니라, 국민 입장에서 볼 때 정치적으로 실패하면 언제라도 쫓겨날 수 있었다.

두 번째는 민족적 관용이었다. 로마는 비록 다른 민족이거나, 적이라도 로마 시민으로 동화시켜 나갔다. 로마의 이런 전략은 보편 국가의 기틀이 되었으며, 현대의 EU로 발전하는 기반이 되었다.

세 번째는 시민의식이다. 로마 시민은 평민이든 귀족이든 신분에 상관없이 동등하게 정치적 권리가 주어졌으며, 전쟁에 나가 함께 싸울 의무가 있었다. 모든 로마 시민은 병역을 치러야 비로소 한 사람의 시민이 된다고 생각했다. 이런 연대감은 국가가 성장하는 데 결정적으로 작용했고, 시민들은 로마 시민이라는 강한 자부심을 가졌다. '노블레스 오블리주'라는 것도 로마시대 정치 지도자들과 귀족들의 투철한 도덕의식과 솔선수범하는 공공정신에서 나온 것이다.

마지막은 큰 인물들이 있었던 점이다. 카이사르와 아우구스투스로 상징되는 로마 인물들은 끊임없이 여론의 동향을 살피고 현실적이든 이상적이든 로마에 필요한 정치적 개혁을 단행했다. 물론 현실과 역사를 무시한 급진적인 개혁이 실패한 사례들도 있었다. 그러나 로마를 이끈 인재들은 실패도 교훈으로 삼는 역량을 가지고 있었다. 이상 네 가지 특성들이 약해졌을 때 로마는 멸망했다.

이 책 마지막에서는 이탈리아 일반 고등학교 역사교과서에 실려 있는 '지도자에게 요구되는 자질 다섯 가지'를 적어 놓았다. 그것은 지적 능력, 설득력, 육체적 내구력, 자기 제어 능력, 지속하는 의지다. 로마가 분리된 지 1천700여 년이 지난 지금도 로마와 로마 사람들은 많은 사람들에게 교훈과 귀감을 주고 있다.

황해의 중요성

　하늘에서 보면 중국 황해와 발해 해안에는 수많은 격자무늬를 발견할 수 있다. 울타리를 친 것 같은 사각형 공간이 해안을 따라 수없이 많다. 해안을 간척해 매립하거나 양식장을 만들어 놓은 흔적으로, 상공에서 보면 기하학적인 모양이다. 중국 해안개발은 가속도가 붙어 점점 빠르게 확장되는 추세다. 한국 서해안에서도 그런 시절이 있었다. 지금은 속도가 크게 줄었지만 아직 멈춘 상태는 아니다. 양쪽 해안의 경쟁적인 개발로 인해 이제 원 해안선이 거의 남아 있지 않다. 북한 해안은 조금 덜하지만 정도의 차이만 있을 뿐이다.

　막무가내식 개발은 큰 후유증을 동반한다. 개발이 최우선일 때는 폐수나 하수처리 장치를 만들 겨를도 없이 바다를 메워 공장과 주거지를 세웠기 때문에 그곳에서 배출되는 온갖 오염물질을 바다로 쏟아 보냈다. 현재 중국이 그렇고, 안산 반월산업단지가 처음 건설되었을 때도 그랬다. 그래서 시화호는 완전 치유가 불가능한 상태가 된 것이며, 담수호 건설이라는 본래 목적도 한순간에 물거품이 되고 말았다. 이제는 유기물 오염을 정화할 갯벌이나 염습지들 마저 원형을 찾아보기가 힘들고, 해양생물들의 산란장이자 성육장인 하구와 내만은 거의 다 막혀버렸다. 미국의 세계적인 환경경제학자 로버트 코스탄자의 논문에 따르면 갯벌이나 염습지로 이루어진 해안 자연생태계의 가치는 열대 우림이나 산호초보다 훨씬 더 크다고 한다.

황해는 한국과 중국의 해양 생물과 문화자원의 거대한 보고다. 전 세계에서 가장 생산력이 높은 해역 중 하나이며, 어업 강도가 가장 높은 곳이기도 하다. 10여 년 전 한국과 중국 해양학자들이 처음 황해광역 해양생태계를 조사했을 때의 자료에 따르면 단위 노력 당 어획량같은 노력으로 어획할 수 있는 양이 1970년 중반과 비교해 1/10 수준이었다. 충격적인 결과였지만 그때만하더라도 다른 해역과 비교했을 때 황해에서 나는 수산은물 많은 편이었다. 그러나 새만금 간척사업 이후 한국 수산물 전체 생산량은 소비량을 감당하지 못하고 있으며, 조개류는 50퍼센트 이상 수입에 의존하고 있다.

게다가 중국이 본격적으로 해안개발에 나서고 있으니, 황해 전체에서 해양생물이 생산되고, 성장할 공간산란장과 보육장은 이제 얼마 남지 않았다. 한국도 중앙 정부가 추진하는 가로림만과 강화도 주변 두 곳의 조력발전소를 건설한다면 중국 입장을 비난할 처지가 못 된다. 이처럼 황해 자원 문제는 해안파괴, 오염, 무분별한 남획에 있다. 지금처럼 한다면 머지않은 장래에 사라진 자원을 살려야 한다고 엄청난 예산을 투자할 가능성이 높다. 일부라도 잘 지켜야 그나마 복원이 가능할 것이다.

황해는 해안에 사람들이 거주하기 시작할 때부터 동양의 지중해라고 불릴 정도로 동양 문화교류의 장이었다. 석기시대부터 사람들이 산 흔적이 해안 도처에서 발견되고 있다. 시흥 오이도에도 청동기 유적이 남아 있으며, 이런 유적들이 황해 지역에 널리 퍼져 있는 것으로 보아 이때부터 이미 교류가 활발했을 것이라는 추정이 가능하다. 8천 년 전만하더라도 지금보다 수심이 100미터 이상 낮았기 때문에 황해 전역은 강 하구였고, 지금의 경기만 섬들은 육지였으므로 사람들이 살기에 이상적인 장소였을 것이다. 이후 삼국시대부터 지금까지 황해 권역은 동양 문화를 주도하는 장소였다. 그래서 한·중 양국 해안에 위치한 큰 도시들은 황해 중심도시를 표방한다. 우리나라도 서해안시대의 도시라는 구호를 내세웠던 적이 있다. 그런 구호에는 번창했던 황해 중심 시절의 영광을 재현하고 싶다는 의미가 함축되어 있다고 봐도 무방하다.

최근 안산시는 해안관광도시라는 기치를 내걸었다. 그렇다면 해안관광에 걸맞는 계획 수립이 우선되어야 한다. 황해의 자원과 문화에 초점을 맞추어 황해 박물관 건립을 제안하고 싶다. 안산도 황해와 접한 해안도시라는 것을 잊어버리면 안 되기 때문이다.

도시 축제 이야기

스페인 발렌시아 작은 마을 라놀에는 토마토 전쟁이라고 불리는 라토마티나La Tomatina라는 축제가 있다. 1944년 토마토 값 폭락에 분노한 농부들이 시의원들에게 토마토를 던진 것에서 유래했으며, 잘 익은 토마토를 던지는 것은 시민정신을 되새기자는 의미도 지닌다. 매년 8월 마지막 주 수요일에 볼 수 있는 세계적으로 널리 소개된 축제 중 하나다.

이탈리아 토스카나 지방 시에나에서 매년 여름 두 차례 여는 팔리오Palio는 유럽 여행객에게 최고로 인기 있는 축제다. 도시의 17개 마을에서 대표로 출전한 말과 기수들이 경주하는 대회이며, 경주장인 대성당 앞 가비리 모양의 캄포광장은 축제날이면 사람들로 꽉 들어차 흥분과 열정의 도가니가 된다.

태국 물 축제 쏭크란Songkran은 태국 북부 치앙마이에서 처음 시작되었으나 지금은 전국 축제이자 태국의 대표 관광 상품이 되었다. 쏭크란은 새해를 맞이하는 의미도 갖는 민속행사이기도 하다.

일본 전통 축제 마쯔리祭り는 동양의 전형적인 마을 축제로 자리 잡았다. 마쯔리는 종교적 행위를 한다는 뜻이며, 마을이나 신사 단위로 지역을 개척한 수호신이나 조상신을 기리는 종교적 행사이던 것이 이제는 하나의 축제로 유명해졌다.

이밖에 독일 남서부 대학도시 하이델베르크도 인구가 14만 명에 불과하지만 1년에 세 번 열리는 도시 축제의 인기는 가히 세계적이다.

축제祝祭는 축하하고 제사지낸다는 뜻이다. 제사에는 여러 사람들이 모이니 자연 축하하는 자리들이 만들어졌을 것이다. 같은 뜻으로 쓰이는 용어로 페스티발festival이 있다. 축제는 지역 사회, 학교, 교회 등에서 여는 행사이며, 음악, 춤, 음식 등이 함께 한다. 축제의 종류는 학교 축제, 영화제, 음악 축제, 지역 문화제, 종교 축제 등이 있다. 동두천 락 페스티발 같은 경우 동두천 지역에서 열리는 락 음악 축제로 볼 수 있다.

유사한 의미로 카니발carnival이란 용어도 있지만 우리나라에서는 축제나 페스티발을 더 흔하게 쓴다. 최근 널리 쓰이는 우리말 용어 중에는 한마당이 있는데, 함께 어울리는 놀이라는 뜻 같으나 사전에는 이 단어가 없다. 아마 마당놀이나 놀이마당에서 착안한 것으로 보인다. 마당놀이는 마당에서 행하는 민속놀이 중 특히 세시별歲時別로 행하는 여러 놀이를 뜻하며 놀이마당은 여러 사람이 모여 노래하거나 춤추며 노는 자리 또는 그런 일을 가리킨다. '놀이 한

마당', '한마당 축제', '축제 한마당'과 같은 행사는 우리나라식 축제라고 볼 수 있다.

앞에서 열거한 세계적으로 유명한 축제들의 공통점은 주민들이 직접 참여하고 주도한다는 것이다. 물론 관광 상품으로 유명해지면서 후원을 받는 경우도 있다. 이어서 나열한 축제와 비슷한 여러 용어들은 함께 즐긴다는 의미에서 상통한다. 결국 축제는 지역 주민들이 함께 즐기는 행사다. 지역 주민들이 일상에서 벗어나 진정으로 즐기는 놀이마당으로서의 축제가 그곳을 방문한 다른 이들에게도 즐거움이 되는 것이다.

우리나라에서도 지방자치제 시행 이후 각 도시나 지방에서 다양한 축제가 열리고 있다. 유래가 애매모호하고 엉성한 것도 많지만 성공한 축제도 꽤 있다. 함평 나비축제, 부산 국제영화제, 신안 임자도 튜울립축제 등이 대표적이다. 그러나 지역 축제 대부분은 주로 시에서 주도하고, 주민 참여도 낮으며 지명도도 없어 예산 낭비라는 지적이 많다.

안산 국제거리극축제도 시의 주도로 시작되었다. 독특하고 재미있는 행사이지만 아직 주민 참여가 크지는 않다. 한편 단원 예술제는 지역 예술인들의 제안으로 출발했으나 시의 관여 비중이 높아졌다는 의견이 있다. 이제 안산 축제들도 시민들의 발랄한 창의력이 발휘되는 시민참여형 축제로 발전해나가야 한다.

창조도시에 관한
충고

　국내에서 수많은 도시들이 생태, 환경도시를 표방했으나 성공한 도시는 그리 많지 않다. 그러나 생태도시로 가장 성공한 도시 중에 하나가 울산시라는 점에는 이의가 없는 듯하다. 울산시는 공해도시로 알려진 도시 이미지를 개선하기 위해 2004년부터 태화강 살리기에 나섰고, 불과 7년이 지난 지금²⁰¹¹년 태화강은 완전히 복원되었다고 할 정도로 되살아났다.

　한때 죽음의 강으로 불렸던 냄새나고 시꺼멓던 강이 수영대회가 열리는 '강수욕' 명소가 된 지도 몇 해가 지났다. 이제는 연어가 돌아와 상류로 힘차게 거슬러 올라가는 장면도 볼 수 있다. 태화강을 살리면서 대기 문제도 크게 개선되었고, 도시 미관도 몰라보게 달라졌다.

　목표를 조기 달성한 울산시는 자신감을 가지고 새로운 도전에 나서고 있다. 에코폴리스 다음으로 창조도시를 선언한 것이다. 아울러 울산시는 2011년 5월, 한 신문사와 함께 창조도시 포럼을 개최했다. 일부는 이 선언을 시기상조라고 지적하기도 했다. 이에 대해 울산시는 지난 50년 동안 일군 성과를 동력으로 새로운 100년을 준비하는 전략이 필요한 시기라고 했다는데, 창조도시 포럼을 시작한 이유도 여기에 있는 듯했다.

포럼에서는 산업도시 울산이라는 이미지를 벗고 역사와 문화자원, 친환경 등을 주제로 한 도시 디자인 전략이 제기되었다. 자연과 조화된 도시, 친환경 건축디자인 구축 등 창조성을 구현시킨 도시 이미지를 통해 도시를 혁신해야 한다는 제안도 나왔다. 기존 제조업 중심의 딱딱한 이미지를 탈피하고 문화와 지식이 접목된 부드러운 도시로 변모해야 한다는 것이다. 현재 산업체계를 그린사업, 문화사업 등으로 다변화하고 새로운 디자인을 통해 도시의 정체성을 확보하려는 시도로 보인다.

찰스 랜드리의 저서 『창조도시 the creative city』에는 '도시의 혁신을 위한 도구상자'라는 부제가 달려 있다. 이 책에서는 창조도시를 추진하는 세계 여러 도시를 소개하고, 도시를 혁신해나가는 방법을 기술하고 있다.

책 서문에서는 도시가 혁신을 이루어 내려면 다음과 같은 전제가 필요하다고 했다. 먼저 도시의 비전을 제시해야 한다. 도시 잠재력을 파악하고, 뚜렷한 목표의식을 설정해 미래의 도시 모습을 분명하게 해야 한다. 그리고 리더십 창출이다. 다양한 분야의 리더

십을 형성해 도시를 이끌어야 한다. 마지막은 책임감과 투명성이다. 도시의 미래를 위해 위험을 부담하려는 인재들에게 권한을 위임해 상호 도움을 주는 조직 문화를 만들어야 한다.

창조도시란 시민들 삶의 질을 높여 살기 좋은 도시로 변모하려고 노력하는 도시다. 이러한 변화와 혁신을 추진하려면 창의성이 필요하다. 그리고 문화가 바로 이러한 창의성을 이끌어내는 자원이다. 그래서 창조도시에는 문화의 중요성이 특별하게 강조된다. 저자는 문화를 창의적으로 활용해 도시 혁신을 추구하는 분야의 세계적 권위자다.

창조도시를 제창하는 배경에는 21세기가 도시의 시대라는 점이 있다. 21세기는 인류 역사상 최초로 도시 인구가 지구 인구의 절반을 넘어섰기 때문이다. 그러나 역설적이게도 도시 사람들 80퍼센트 이상이 시골을 그리워한다. 그렇기 때문에 저자는 시골의 장점인 지역의식, 소속감, 연속성, 안전 등과 도시의 장점을 잘 접목시킬 수 있는 방안을 마련하라고 한다. 산업도시이자 생태도시를 내세우고 있는 안산도 이와 같은 창조도시에 관한 충고에 주목할 필요가 있다.

해양관광도시
안산을 기대한다

　　안산은 해안도시이지만 정작 시민들은 해안도시라는 느낌을 갖지 못한다. 도시 중심부가 바다와 맞닿아 있지 않기 때문이다. 해안도시라면 도심에 인접한 지역에 항구가 있거나 도심에서 바다를 바라볼 수 있게 마련인데 안산은 그렇지 않다.

　　안산시는 경기도에서 바다가 가장 넓고, 해안선도 가장 길며, 유인도인 풍도와 육도를 가지고 있다. 시화호도 법적으로는 바다다. 정부는 2002년, 공식적으로 담수호를 포기하고 시화호를 해수호로 선언했다. 따라서 반월·시화 산업단지는 연안 산업단지가 된다. 비록 상류지만 일부 아파트 단지에서는 시화호를 바로 내려다볼 수도 있다. 그래서 안산은 경기도에서 가장 큰 해안도시인 것이다.

　　역사적으로도 안산 바다는 물류수송로이자 해양교통로로 매우 중요한 곳이었다. 게다가 지금 시화호인 옛 군자만은 궁궐로 보낼 수산물을 잡는 궁살이 있었던 곳이다. 또 현재 송도신도시와 대부도 일대인 경기만 남부는 새만금지역과 더불어 국내 최대 어패류 산지였다.

경기도와 안산시는 이렇게 중요하고 큰 바다를 가지고 있는데도 이에 걸맞은 해양 정책이 없다고 해도 과언이 아니다. 더군다나 21세기는 '신 해양시대'라고 하는데 황해나 전체 경기만을 활용할 정책은 없는 듯하다.

경기 다도해라고도 불리는 경기만은 황해도 남부 해안에서 충청남도 북부 해안 사이 전 해역을 일컫는다. 한강은 하류에서 임진강, 예성강과 합류해 경기만에 강물을 내어놓는다. 따라서 경기만 전체가 하구의 특성을 지닌다. 하구에는 육지로부터 퇴적물 공급

이 원활하며, 조차가 가장 큰 곳으로, 큰 갯벌이 만들어질 최적의 조건이다.

하구에는 보통 조개류들이 활발하게 번식하고, 새우나 꽃게, 뱀장어들이 떼 지어 왕래하는 곳이다. 황해 중부에 사는 물고기들은 적어도 일생에 한 번은 하구에 드나든다. 이렇게 하구는 수산물 생산지일 뿐만 아니라 해양생물의 성육장이자 산란장인 셈이다. 그러니 당연히 가치가 높을 수밖에 없다.

따지고 보면 시화호도 화정천, 안산천, 반월천, 삼화천, 동화천이 유입되고 있으니 하구라고 해도 무방하다. 대부도가 바지락칼국수의 발생지이고, 다른 지방에서 볼 수 없는 동죽으로 만든 전통 음식문화가 있는 것도 경기만 해양환경과 무관하지 않다. 지금보다 환경이 더 개선된다면 하구가 가지고 있는 장점을 되살릴 수 있을 것이다.

안산시는 해양관광도시를 표방하고 있으니 이런 여건을 고려해야 한다. 그리고 갯벌을 잘 복원해 일부는 습지보호구역으로 지정해 해안 생태관광의 품격을 높일 필요가 있다. 또한 안산 초지동이나 사동에서 출발하는 자전거 훼리선을 만들고, 작은 박물관이나 수족관을 만들면 관광객의 체류시간을 연장할 수 있다. 대부도를 거쳐 가는 관광객이 연간 7백만 명이 넘을 것으로 추정되니 해안관광은 안산의 새로운 성장 동력이 될 것이다.

도시
살펴보기

돔구장 건설*,
무엇이 문제인가?

　　안산에 연고지를 둔 프로야구팀이 한국 시리즈 결승 최종
전을 홈구장에서 치른다는 상상을 해보자. 구장에서건 거리에서건
골목에서건 축제 분위기가 가득하고, 안산 팀의 상징 색깔 머플러
를 두른 시민들은 같은 도시에 살고 있다는 일체감과 즐거움에 젖
을 것이다. 이 때문에 각 지자체는 구단과 구장을 갖고자 한다.

　　야구는 아니지만 돔구장을 만들어 평범한 도시에서 괄목할 만
한 도시로 성장한 곳이 원주다. 그 덕분에 원주는 군사도시라는
기존의 이미지를 벗고 새로운 도시의 비전을 세울 수 있었다. 다
만, 돔구장 설립은 도시민 모두가 바라는 것이어야 하며, 혜택도
도시 구성원 모두에게 돌아가야 한다. 그래야만 돔구장을 건립하
는 의미가 있다.

　　그런 의미에서 안산시의 돔구장 건설은 제대로 진행된다고 할
수 없다. 우선 연고 구단에 대한 구체적인 비전을 제시하지 않았

---

* 안산 돔구장 건설사업은 2013년 3월 전면 백지화 되었다.

다. 경기가 없을 때 야구장은 그저 텅 빈, 거대한 건물일 뿐이다. 굳이 다른 도시의 예를 들지 않더라도 '와'스타디움의 적자만 봐도 알 수 있다. 이곳은 다양한 용도로 사용하지만 적자를 면치 못했으며, 적자를 메운다는 핑계로 대형마트를 입주시켰고, 이로 인해 지역 골목 상권이 적지않은 타격을 입을 거라는 주장도 있었다.

하물며 이에 비해 관리비가 훨씬 많이 든다는 돔구장을 세우면서 대책이라고 내놓은 것이 야구 경기가 아니라 문화행사를 열겠다는 것이다. 그렇다면 왜 굳이 야구장을 건립하는지 알 수가 없다. 이 사업으로 엄청난 이익을 보게 될 우선대상자는 국내 굴지의 기업이지만, 그 기업은 야구 연고팀이 없다. 그렇다면 안산시는 이 기업과 연고팀 창단을 협상해볼 만도 한데, 그런 소식은 들리지 않으며, 프로야구협회에서도 돔구장을 지으면 프로팀을 창단하겠느니 하는 이야기가 나오지 않는다. 반면, 안산에는 우승을 단골로 삼는 신한은행 여자농구팀이 있고, 야구장을 세우는 것보다 농구장 건립이 훨씬 저렴하다. 상황이 이러니 돔구장 건립에 대한 의구심이 점점 커질 수밖에 없다.

이 문제를 다른 각도에서 살펴보자. 돔구장을 지을 곳은 안산에서 가장 노른자 위 땅이다. 공시 시가로도 500억 원이 넘는다. 이 땅에는 무엇을 해도 성공 가능성이 높기 때문에 그런 시세가 유지된다. 돔구장이 아니라 박물관이나 백화점을 지어도 당연히 지가는 상승할 것이다. 그러나 이런 시설들에 비해 돔구장의 부가가치는 상대적으로 낮으므로, 운영 부분이 신경 쓰일 수밖에 없다. 그런데도 안산시가 돔구장 건립을 추진하는 것은 결국 아파트를 짓기 위한 수단으로 밖에 보이지 않는다. 그럴 바에는 차라리 아파트를 먼저 짓고 부가가치가 높은 다른 시설을 짓는 것이 더 낫지 않나 싶다.

제대로 된 행정기관이라면 험한 땅을 가치 있는 땅으로 만드는 것이 우선이다. 하물며 가장 가치 있는 땅을 돔구장을 세우기 위해 내준다면, 적어도 최고 또는 발전 가능성이 아주 높은 프로구단 정도는 유치해야 한다. 그러나 안산시는 뛸 팀도 정해지지 않은 구장

을 만들기 위해 그 비싼 땅을 내놓았다. 공개토론도 하지 않고, 여론만 조직적으로 조성해 사업을 시급히 서두르는데, 이런 태도야말로 이 사업에 자신이 없다는 방증 아닌가.

안산시는 사업 계약 내용과 과정을 공개하라는 시민의 당연한 요구를 받아들여, 시민이 납득할 만한 설명을 해야 한다. 그저 구장을 만들면 주변 땅값이 상승할 것이고, 완공되면 구단은 당연히 생길 것이라는 막연한 기대만으로는 부족하다. 게다가 이런 위험천만한 기대는 애초에 버려야 했다. '와'스타디움만 해도 벅찬데, 돔구장까지 생기면 그 관리 부담은 모두 시민에게 돌아갈 것이기 때문이다. 일본에서도 유행처럼 번졌던 대규모 건설 프로젝트가 실패하면서 지자체의 재정은 파탄에 빠졌다. 멀리 가지 않더라도, 국내 여러 도시의 사업 실패 또한 잘 살펴 교훈으로 삼아야 한다.

어느 도시든, 연고팀이 뛸 구장 건설을 반대하지 않을 것이다. 문제는 돔구장 건설의 찬반이 아니라, 굳이 황금싸라기 땅을 내줄 만큼 가치가 있는 일인가. 더 큰 문제는 건설 준비의 불투명성과 조급함, 무책임감이다. 과연 누구를 위한 사업인지 궁금하다. 그리고 안산시 최고 중심부에 돔구장을 건설해 가장 이익을 보는 사람은 누구일지도 궁금하다. 안산시, 시민, 건설회사 혹은 다른 누군가일지도 모른다. 이 글을 읽는 여러분은 누구라고 생각하는가?

대부도를
사랑하는 법

　누구나 대부도*를 섬이라고 생각하지만, 사실 섬은 아니다.
도서지와 같은 섬 관련 백서나 통계 등 정부간행물에도 섬으로 나
타내지 않는다. 시화호지역을 간척하면서 생긴 시화방조제로 대부
도가 시흥과 화성의 육지로 연결된 까닭이다. 그런데 대부도는 특
이하게도 행정구역상 시흥시나 화성시가 아닌 안산시에 속해, 대
부도에서 안산으로 오거나, 안산에서 대부도로 가려면 두 도시를
반드시 거쳐야 한다. 이렇게 대부도는 안산시 안에서 다시 섬이 되
었다.

　지금은 조금 달라졌지만 십 수 년 전만 하더라도 안산지역은 오
염된 간척호수인 시화호와 산업단지, 다른 도시들에 에워싸인 내
륙의 산업도시였다. 그러나 대부도가 1994년 안산시 소속이 되면
서 안산은 경기도에서 해안선이 가장 긴 해안도시가 되었다. 대부
도로 말미암아 안산시에는 바다로 진출할 수 있는 새로운 돌파구

---

* 여기서는 대부도와 선감도, 탄도, 불도를 포함한 네 곳을 모두 일컫는다.

가 생겨 다양한 비전을 세울 수 있었다.

안산에서 대부도는 이처럼 소중한 가치를 지닌 곳이므로, 대부도 주민들이 지리적인 거리를 애정의 거리로 느끼지 않도록 하는 행정적인 배려가 필요하다. 또한 대부도가 비록 육지로 취급을 받더라도 바다가 주는 풍성함을 되찾으려는 노력을 게을리 해서는 안 된다. 대부도의 가치는 해안의 아름다움을 간직하고, 도시의 장점을 살려야 빛을 발할 수 있기 때문이다.

우선 서쪽 해안선이라도 되살려야 한다. 시화호방조제와 연육도로가 생기면서 서쪽 해안은 깎여 나갔고, 펄이 차 수산생물의 서식지로 작용하지 못하며 경관이 점차 미워지고 있다. 이런 문제를 극복하려면 대선방조제처럼 조류를 막는 시설을 손봐 물의 통로를 열고 해안선 복원 시설들을 설치해야 한다. 그리고 해안선을 줄이는 각종 공사를 규제해 예전 해안의 모습을 유지해야 한다. 규모가 작은 공사라도 해안에 미치는 영향은 시화호 간척과 같다. 대선방조제는 열고 다른 곳은 매립하자고 하면 안 되는 이치가 여기에 있다.

두 번째로 대부도 방문객들을 적극적으로 관광자원화 해야 한다. 인천의 선재도와 영흥도가 대부도와 연결되면서 대부도 방문객들이 대부도에만 머물지 않는다. 바다를 찾는 사람들은 바다 끝을 보려는 경향이 강한 탓이다. 이런 현상은 결국 대부도의 부가가치 축소로 나타나고 있다. 연간 수백만 명이 대부도를 거쳐 가지만

관광자원관리에 관한 정책적 미숙함은 여전하다. 이를 해결하기 위해서는 육지와 가깝고 다른 섬으로 나아가기 편한, 대부도의 위치적 장점을 최대한 살려야 한다. 대부도는 영흥도와 선재도뿐 아니라 덕적도, 대이작도, 자월도와 승봉도, 풍도 그리고 육도로 나아가는 길목이다. 이러한 점을 비전으로 삼아 난개발을 막는 등 서해안 관광 중심지로 거듭날 방법을 실천해 나간다면, 수년 내에 새로운 모습의 관광지구 대부도를 만날 수 있을 것이다.

대부도를 사랑한다면 적어도 앞의 두 가지 사항에 대해서 분명한 문제의식과 해결방안을 가지고 있어야 한다. 또한 이 문제를 극복하려는 지역 주민과 마을을 우선적으로 위하는 열정적인 리더십이 절대적으로 필요하다. 사심이 많은 리더들은 지역의 기회를 오히려 위기로 만들곤 한다. 대부도에 대한 사랑과 문제의식을 갖춘 리더가 있더라도 적절한 시기를 놓치면 기대한 성과를 달성할 수 없는데, 지금이 난개발을 막고 새로운 도전을 할 적기라고 생각한다. 그 도전을 위해 대부도를 진정으로 사랑하는 사람들이 모여 지역의 잠재적인 역량을 키워야 할 때이기도 하다.

헌신적인 리더와 다양한 인재들이 함께 만드는 대부도의 청사진을 그리고 실행하는 것은 꿈이 아니다. 현실로 만들 수 있다. 안산 시민의 한 사람으로서 대부도를 진정으로 사랑하는 사람들이 만드는 '큰 언덕', 대부도大阜島의 멋진 미래를 기대한다.

청렴한 도시에서 일어나는
이상한 사업방식들

　　지난 몇 년간 안산은 상복이 많은 도시였다. 상의 이름을 일일이 다 나열할 수는 없지만 그 수상 내용들을 취합해보면 시민이 살기 좋고, 부패가 없는 도시에 관한 것들이었다. 안산시는 또 환경생태도시에다 녹색성장을 도시 비전으로 선언하기까지 했다. 자연스레 시민들의 칭송도 이어졌다.

　　반면, 늘 이상하다는 말도 따라 다녔다. 환경도시이면서 청렴한 도시라면 사업 추진과정이나 지방정부에서 하는 일들이 투명해야 한다. 하지만 안산시는 산하기관도 뚝딱 만들고, 시민들이 이해하지 못하는 과정으로 기관장들을 임명하기도 했다. 수천억 원에서 조 단위의 대단위 사업들도 소리 소문 없이 양해각서가 작성되고 화려한 청사진과 함께 갑자기 신문에 보도되고는 했다. 군사작전처럼 진행되는 사업과 청렴한 도시라니, 왠지 몸에 맞지 않는 옷을 입은 것처럼 어색하다.

2010년 1월 즈음 일어난 구속 사건을 본 사람들의 반응은 여러 가지였다. 최근에 안산시가 추진하는 사업들을 보면 조마조마하다는 사람도 있었고, 열심히 하다 보니 생긴 추진 방식의 오류일 뿐이라는 사람, 큰 사업을 연속으로 시도하는 시의 추진 능력이 뛰어나다는 의견도 있었다. 그러나 사람들은 입 밖으로 내지는 않더라도 다음의 두 가지 중 적어도 한 가지는 마음속에 담아둔 것 같았다. 너무 거창한 사업들을 짧은 기간에 진행하다 보면 무리가 따르게 될 것이라고 우려하거나, 왜 저렇게 서둘러 할 수밖에 없을까 궁금해 하거나.

문제가 된 '사동 90블록 사업'은 개발 예산만 4조원이 넘는 복합 개발 사업이다. 이런 거대한 사업을 지역 주민이나 시민이 인식도 하기 전에 사업자를 공모하고 협상대상자를 먼저 지정해 양해각서까지 체결했다. 게다가 사업 대상 부지는 법적인 문제가 해소되지 않은 곳이므로, 신중하게 추진했어야 하는데도 과도하게 밀어붙이던 사업이니 여러 의혹이 따라다닐 수밖에 없었다. 결국 이는 의혹에 그치지 않고 실무 책임자가 뇌물수수 혐의로 구속되는 사건으로 이어졌다.

더 큰 문제는 돔구장이나 기타 사업들도 유사한 방식으로 추진되었거나 진행 중이라는 점, 바꾸어 말하면 다른 사업들도 의혹이 현실이 될 개연성이 있다는 점이다. 살기 좋은 도시라면 세계 어느 곳이나 서민이나 여유 있는 사람들, 영세사업자나 큰 기업을 경영하는 사람들, 공무원과 전문가들 그리고 주부들을 비롯한 대부분이 동의하는 도시의 비전이 있게 마련이다. 이런 비전을 근거로 개발 또는 사업의 우선순위를 정하는 것이 투명하게 도시를 경영하는 방식이다. 그러나 안산시는 그렇게 하지 않는 것 같다. 그렇다면 '2020 안산 도시기본계획'이나 '행복도시 안산발전 계획'을 왜 세운 것인지 의문이다. 이런 연구나 수립 과정들이 단순한 요식 행위에 지나지 않는다면 엄청난 시간과 인력, 재정 낭비일 뿐이다.

또 다른 문제는 책임을 누가 지느냐는 점이다. 지난해2009년 전임 대통령은 비서관과 인척의 문제까지 본인의 도의적, 법적 책임으로 져야 했다. 이번 사건은 사업 추진 과정에서 발생한 실무책임자의 단순한 실수로만 볼 수 없다. 사업 자체가 실무책임자의 결정과 의지로만 추진되었는지도 확인해볼 일이다.

청렴한 도시가 되었다고 치적을 내세우려면 실제로는 그렇지 못했을 경우 사과하는 것이 당연하다. 더 나아가 사업 추진과정에 시장의 의지와 실무책임자 권한 행사에 어떤 차이가 있었는지 분명하고 납득할 만한 해명을 해야 한다.

자연사박물관
건립에 대한 태도

　　화성시에서는 벌써 몇 년 째 자연사박물관 건립에 애정을 가지며 인력과 예산을 투자하고 있다. 지난 7, 8년 동안 화성시는 공무원과 전문가들을 중국과 몽골에 여러 차례 보내 현지상황을 조사하고, 화석과 자료를 구해왔다. 뿐만 아니라 일본, 유럽, 미국의 유명 자연사박물관과 공룡박물관을 제집 드나들 듯 다니면서 다양한 경험과 지식을 축적해왔다. 시화호 주변의 다른 두 도시가 박물관에 대한 열정이 식어갈 때에도 화성시는 끈기 있게 관심을 이어갔다.

　　자연사박물관 유치는 국내 모든 도시의 꿈과 희망이었다. 국립 자연사박물관 건립은 그 자체만으로도 도시가 국·내외적으로 부각될 수 있는 요소다. 국가를 대표하는 자연사박물관은 세계 각국의 지식 여행자들이 방문을 희망하는 곳이라, 도시 지명도가 단번에 높아지기 때문이다. 국내에서 추정한 바에 따르면, 자연사박물관 건립비는 최소 5천억 원이지만, 그 부가가치는 건립비의 몇 배가 될 것으로 예상한다. 건립에 따른 지역의 자산 가치 상승과 유명 관광자원으로 부각되면서 나타나는 각종 경제 활성화 효과 덕분이다.

박물관이 실제로 가동되면 자연과학자들뿐 아니라 인류학자, 환경학자, 민속학자, 교육과 전시 전문가, 디자이너, 기술자 등 전문 인력 수백 명이 일하는 공간이 생기는 것이라 지역에서 보면 작은 대학 하나가 들어오는 셈이다. 그 뿐인가? 박물관은 전시, 교육, 보존, 연구 기능 등이 있어 입장료와 기념품 개발 외에도 연구와 보존, 교육사업과 같은 부가사업을 확장할 수 있어 지역에서는

중소기업 몇 개를 유치하고 고용을 늘리는 효과를 누릴 수 있다. 제대로 된 자연사박물관이 적은 국내 사정으로 볼 때 국립 자연사박물관은 모든 관련 사업의 중심이 될 수밖에 없다.

눈에 보이지 않는 효과로는 자연사박물관을 통해서 사람들이 자연의 이치에 눈뜨게 된다는 점을 들 수 있다. 나라별 자연사박물관의 수와 노벨 과학상 수상자 수가 거의 정비례한다는 점만으로 설명이 부족할까? 지역 학생들에게 자연사박물관은 큰 놀이공간이자 훌륭한 학습장이다. 특히 미취학 어린이들에게는 최고의 혜택이 될 것이다.

화성의 자연사박물관 유치 운동은 시화호 남쪽 간척지에서 공룡알 화석이 발견된 것이 계기가 되었다. 안산에서 활동하던 환경운동가들이 발견해, 당시 안산시도 자연사박물관 유치에 큰 관심을 가졌다. 그래서 유치위원회도 구성하고 심포지엄도 개최하며 임시 전시관도 만들었지만, 시장이 바뀌면서 그런 활동은 끝났다. 비슷한 시점에 화성에서는 조용하면서도 꾸준하게 운동을 추진했고, 이런 화성시의 활동은 도의 관심을 받았다. 지금은 도가 중심이 되어 유치활동을 하는 성과를 거두었다. 지속적으로 노력한 자에게 행운이 도래하는 이치와 같다. 안산시가 귀한 자산을 내주고 손쉬운 개발에 나서는 사이, 화성시는 끊임없이 노력해 자연사박물관 유치 가능성을 크게 높였다. 이는 화성시의 경쟁력 강화를 의미한다.

꽃섬,
풍도가 있다

　안산에 속하는 유인도 풍도는 식물학자들에게는 꽤 알려진 섬이지만 정작 안산시민들은 잘 알지 못한다. 풍도는 대부도에서 16킬로미터 정도 떨어져 있고, 탄도에서 뱃길로 약 한 시간 거리에 있다. 풍도 덕분에 안산은 경기도에서 가장 넓은 바다를 가졌고, 그 해저에는 미래 자원이 풍부하기에 안산에게 풍도는 무척 소중한 섬이다.

　풍도와 이웃해서 육도라는 섬도 있지만, 풍도가 더 주목 받는 것은 독특한 자연환경 때문이다. 풍도의 자연환경은 식물상, 특히 야생화 군락의 특이성, 풍부성, 다양성으로 유명하다. 그래서 봄꽃이 피는 2월말~5월에는 사진작가들과 아마추어 야생화 동호인들이 많이 방문하며, 그 수가 점점 늘어나는 추세다. 이른 봄부터 복수초, 현호색, 변산바람꽃, 족두리풀, 대극, 우산나물, 꿩의 바람꽃, 노루귀, 산자고, 개별꽃, 얼레지, 무릇, 제비꽃 등 이름도 아름다운 꽃들이 연이어서 피고 진다.

경기 다도해의 가장 서쪽에 위치하는 외딴 섬에서 내륙의 높은 산에서나 볼 수 있는 야생화들이 군락을 이루고 사는 이유는 무엇일까? 식물학자인 민병미 교수는 "풍도의 토양 속 수분 함량이 높기 때문"이라는 해석을 내놓았다. 풀은 물의 유무와 토양 속의 수분 함량에 따라 종류와 종수가 달라지는데, 풍도는 보통 수분이 부족한 다른 섬들과는 구분되는 식물상을 지니는 것으로 보인다.

2010년 4월 1일자 안산타임스는 '풍도 야생화군락 훼손 심각'이라는 제목의 특집 기사를 실었다. 발전소의 기름 유출에 따른 토양오염과 방문객의 서식지 파괴를 훼손의 원인으로 보았다. 방문

객들이 늘면서 야생화 한두 송이를 뽑아가는 채취행위도 문제점으로 지적했다. 안산지역의 전문가들과 환경단체들은 시 당국에 지속적으로 보호 요청을 해왔으나 정책 결정자들은 풍도의 중요성을 간과했다.

야생화군락 훼손에 대한 조사다운 조사가 한 번도 이루어지지 않아, 정확히 어떤 종이 어떤 연유로 훼손되고 소실되었는지 확인할 길이 없다. 놀랍게도 가장 근래의 공식 조사 기록이 1981년의 것인데, 그것도 여름철에 한 차례 실시되었고, 197종류의 식물이 서식한다는 내용뿐이다. 풍도 보전에 지속적으로 관심을 보인 박병권 교수는 이런 상태라면 풍도의 야생화군락은 머지않아 사라질

지도 모른다고 했다. 즉, 안산에서 가장 독특한 자연이 사라지는 것이고, 이는 풍도의 뛰어난 관광자원 손실로 이어진다.

많이 늦었지만 지금이라도 풍도 보호 계획을 세워야 한다. 우선 해양생물을 포함한 정밀한 자연환경조사가 시급하다. 풍도를 네 차례 방문한 글쓴이는 경기만 남부의 다른 섬들에서 확인되지 않은 해양생물들을 확인했다. 또한 풍도는 여전히 해양문화가 남아 있다는 점에서 문화적으로도 주목할 만한 가치가 있다. 이런 점들을 고려하면 주민들이 직접 보호에 나서는 것이 가장 중요하다. 풍도 관리계획에 생태관광 계획도 포함시킨다면, 주민들도 적극적으로 참여할 것이다.

반면, 최근에 풍도 주변의 모래바닥을 준설하려는 계획이 몰래 추진되고 있다는 소문도 들린다. 이는 풍도의 육상과 해저를 모두 위기에 빠뜨리는 행위다. 안산시에는 풍도의 중요성을 올바로 인식하고, 이러한 계획에 대한 입장을 분명하게 밝힐 필요가 있다.

광덕로 테마광장
공사를 바라보며

광덕로는 안산 신도시의 중심 도로이며, 중앙로와 함께 안산시 교통체계의 중심축이다. 도시 외곽에서 해안도로를 따라 도심으로 진입할 때 반드시 거쳐야 하는 길이면서, 여러 방계 도로와도 연결되었기 때문이다. 또 중앙로와 직각으로 교차해 도심을 십자형으로 구분하는 도시경관의 핵심지대이기도 하다. 그러므로 광덕로를 아름답게 가꾸는 것은 안산의 도시미관 개선을 위해서 당연히 해야 할 일이다. 이런 관점에서만 본다면 현재 진행 중인 테마광장사업도로 양쪽에 있는 녹지대를 도로 가운데로 옮기는 사업은 긍정적이지만, 200억 원에 가까운 예산을 생각한다면 목적이 너무 애매모호하다.

'신도시 상가활성화'가 그나마 설득력 있는 목적인데 어떻게 상가를 활성할 것인지에 대한 설명이 구체적이지 않다. 어차피 지금의 녹지공간에 큰 주차창이 생기는 것도 아니므로, 도로가 상가 가까이에 나고 버스 정류장을 만든다는 정도인데, 이것은 이전 도로에서도 충분히 가능한 일이었다. 녹지에 그늘을 만들고 지금 공사 중인 시설 가운데 일부만 설치해도 동일한 효과를 볼 수 있었을 것이다.

또한 이 사업의 목적 중에는 재생사업도 있다. 그렇다면 도로의 재생이 아니라 신도시의 구조와 기능에 대한 재생사업이어야 상가 활성화를 도모할 수 있다. 혹은 오사카의 나가노시마 거리처럼 노후했거나 오염된 곳을 정비하는 사업이어야 하는데, 그러기에 광덕로는 아직 젊다.

이 사업을 다른 관점에서 바라볼 수도 있다. 안산시 도심부는 서울 중심부와 구조와 기능이 아주 흡사하다. 안산시청은 광화문이고, 광덕로의 중앙로 북쪽은 세종로에서 세종로 네거리의 북쪽, 광덕로 남쪽은 광화문 네거리에서 숭례문남대문까지의 남쪽이라고 할 수 있다. 그러니까 안산의 중앙로는 서울의 종로인 셈이다. 종로의 도로를 떠올려보자. 서울의 중심으로 진입하는 차들은 서울역과 남대문을 거쳐 세종로로 들어서는데, 세종로에서 광화문으로 가기 전에 명동이나 을지로, 청계천으로 차들이 빠지면 광화문 앞은 상대적으로 차가 줄어든다. 만약 서울 도심으로 들어온 차들이 빠지지 않고 광화문으로 진입한다면 사직로의 교통량과 합쳐져 세종로 북쪽은 교통대란이 발생할 수도 있다.

이 점을 안산에 대입하면 답이 나온다. 광덕로 남쪽은 교통을 중심으로, 북쪽은 경관을 중심으로 하는 것이 효과적이다. 허나 광덕로 남쪽에 광장을 조성하면서 광화문 앞 세종로를 흉내 내는 것은 규모와 교통을 고려하지 않는 것이다. 안산시 정책 결정가들은 어떤 사안에 외국 사례를 참고할 때 그림만 비슷하다고 바로 적용할 수 없다는 점을 알아야 한다.

테마공원사업의 진정한 목적이 무엇이든 간에 표면적 목적으로 내세운 도심의 경관개선과 신도시 상가활성화를 도모하려면 다음의 내용을 반드시 참고해야 한다. 공원의 나무들은 보행자에게 그늘을 제공할 정도로 큰 나무를 심어야 한다. 수종은 안산지역에 자생하는 나무면 더 좋다. 여름철 기온이 상승하는 시대라는 것을 고려해, 그늘을 제공하는 것이 재생사업의 주목적이라는 것을 다른 도시에서 배워야 한다.

신도시 광덕로의 상가 업종에 대해 연구해 상가 배치 문제도 파악해야 한다. 아울러 일방통행도로를 포함해 신도시 주차공간과 그 밖의 공간 활용도 개선해야 한다. 즉, 도시의 기능과 광장공원이 유기적인 연계성을 만들어내야 한다는 뜻이다. 덧붙여, 세종로의 야생화 화단은 모방해도 좋을 것 같다. 유행도 제대로 따라야 의미가 있다.

신한은행 여자농구팀
정규리그 4연패[*]

　　2010년 7월 6일, 와동체육관에서는 농구계뿐 아니라 한국 모든 스포츠계에 전무후무한 기록이 세워졌다. 안산을 본거지로 한 신한은행 여자농구단 에스버드Sbirds가 삼성생명 팀을 물리치고 2007년부터 정규리그와 통합 우승 4연패를 한 것이다. 이것은 신기록이면서 어떤 분야에서도 넘보기 힘든 대기록이기도 하다. 안산팀이 멋진 승리를 거두었지만, 현장에서 바라본 소감은 마냥 기쁘지는 않았다. 안산 시민은 별로 오지 않았고, 안산시의 성원도 크게 부족해보였기 때문이다. 참석한 사람은 체육계 관계자 몇 명뿐이었고 응원단 대부분은 신한은행 직원들이었다. 4연패는 무지개차로 시가행진을 해도 좋을 만한 큰 자랑거리이자 업적이지만, "그래, 그 팀이 우리 팀이지!" 하고 기뻐하는 사람들은 그리 많지 않았다.

　　호주에는 호주풋볼이라는 독특한 인기 스포츠가 있다. 호주식

럭비라고 보면 된다. 호주 빅토리아주의 인구 20만 명 정도 되는 지롱Geelong이라는 도시에는 호주풋볼로 유명한 프로팀 '지롱 캣츠'가 있다. 이 팀이 어쩌다 결승전에 오르면 온 도시가 열광의 도가니에 빠진다. 결승전을 치르기 위해 떠나는 팀을 응원하려고 아침 일찍부터 길목에 자리를 잡고 기다린다. 팀의 유니폼을 입고 팀의 색깔과 맞춘 머플러를 매는 것은 물론이다. 그 순간 도시는 하나가 되고, 시민들은 서포터로서 동질감을 느끼며 우정을 나눈다. 비록 승부에서 지더라도 팀을 응원하며 경기를 즐긴 추억은 사람들의 대화와 기억 속에 오래도록 남는다.

'지롱 캣츠' 덕분에 지롱의 지명도는 한층 더 높아졌고, 시민들은 그 도시에 사는 것을 자랑스럽게 여긴다. 도시 곳곳에 호주풋볼 장이 있고, 수많은 유소년, 아마추어 팀이 존재한다. 어디 지롱뿐인가, 스포츠를 사랑하는 전 세계의 도시들이 그러하다.

한국에서도 스포츠는 도시의 브랜드 가치 향상과 시민들의 정체성 확보에 크게 활용된다. 원주와 전주의 남자 농구팀과 부산, 광주, 대구의 야구팀, 그리고 포항과 강원의 축구팀이 그런 역할을 한다.

반면, 안산은 어떤가? 훌륭한 연고 팀을 홍보하고 활용할 수 있는 역량이 부족하다면, 시는 그 역량을 키우는 노력이라도 해야 한다. 더군다나 신한은행 에스버드에는 전주원, 정선민, 최윤아 등 스타플레이어도 즐비하지 않은가? 그러니 작은 체육관에 챔피언을 두지 말고 더 큰 전용 경기장을 만들어 시 차원에서 지원할 필요가 있다. 있지도 않은 프로야구팀을 운운하며 거대한 돔구장 건설에 쏟는 정성의 십분의 일이라도 안산을 본거지로 하는 팀과 선수들에게 쏟는 게 예의 아닐까?

안산에는 200개가 넘는 조기축구 및 동호인 축구팀이 있고, 40여 개의 농구 팀과 100여 개의 3인조 청소년 농구팀이 있다. 물론 다른 스포츠 동호인 팀들도 적지 않다. 이런 스포츠 동호인들의 열기를 도시의 정체성 확보와 자긍심 증대로 이어간다면 좋겠다. 안산에도 농구 전용 경기장과 아마추어 축구 경기장이 생기고, 그곳에서 시민들이 줄지어 선수들에게 사인을 받는 장면이 꿈이 아닌 현실이 되기를 꿈꿔본다.

단원전시관,
외곽 이전 안 된다

안산시청 근처에 위치한 단원전시관은 미술전문 전시관이며 도심의 넓고 조용한 문화 공간이다. 원래는 아파트 모델하우스였던 것을 미술 전시관으로 활용한 것인데 건물이 낡아 더이상 유지하기 힘들어 재건축이 불가피한 상태가 되었다. 문제는 안산시가 이번 기회에 미술 전시관을 시 외곽으로 옮기고, 이 자리에 다른 시설을 지으려고 한다는 점이다. 그렇게 되면 시내에서 쉽게 접근할 수 있는 큰 전시관 하나가 사라지고, 안산의 자랑거리 하나를 잃는 셈이 된다.

단원전시관은 매년 단원미술전이 열려 전국적으로도 잘 알려졌다. 단원미술전은 지방에서 개최되는 미술전 가운데 가장 인기 있고, 상금도 꽤 높아 전국 미술인들로부터 각광 받는 행사다. 단원미술전에 참여한 전국 미술인들은 미술전을 통해 자연스럽게 안산이라는 도시를 알게 된다. 미술전 참가 작가들이나 일부 관람객들은 전시기간 동안 안산에서 며칠간 숙식을 하기도 한다. 단원전시관에서는 단원미술전 외에도 전국 규모의 전시가 3~4차례 더 열린다. 그러므로 미술전으로 지출되는 상금과 개최 비용 이상의 경제적인 가치를 충분히 창출하고 있다. 이런 경제적 가치는 전국대회를 열만큼 큰 전시관이 도심에 있기 때문에 가능하다. 경기도 미술관을 안산에 유치하는 데도 이런 점이 크게 작용했다. 이를 간과해서는 안 된다.

　　단원전시관은 주 전시관 하나와 보조 전시관 두 개로 나누어져 있다. 서로 다른 넓이로 분할된 전시 공간은 동호회나 아마추어 미술인들이 전시회를 열기에 좋은 구조다. 그래서 전시회가 끊임없이 열린다는 점에도 주목해야 한다. 문화가 척박했던 안산에서 자유롭게 발표할 수 있는 공간은 미술 애호가들에게는 단비와 같았다. 단원미술전이 열리는 9월과 10월을 제외한 10개월 동안 70여

회 크고 작은 전시회가 열리니 전시관은 쉴 틈이 없다.

접근성 좋은 전시관은 미술 동호인들을 양성하는 자양분이 되어 현재 안산에는 300여 명의 작가들이 활동하고 있다. 다른 도시에 사는 몇몇 작가들이 안산에 작업실을 만들어 활동하는 것도 가까운 곳에 언제든지 전시할 수 있는 공간이 있기 때문일 것이다.

단원전시관을 이전하면 안 되는 또 다른 이유가 있다. 안산시가 안산이 단원 김홍도의 도시라고 홍보해 왔듯 단원은 안산의 다른 이름이다. 안산의 별명이 붙은 전시관을 홀대하는 정책은 스스로에 대한 비하이며, 문화계 박대로 오해받을 수 있다.

시에서는 기존 단원전시관에 시민들의 참여가 낮은 것과 안산문화예술의전당 전시관이 지금 단원전시관 기능을 대체할 수 있는 점을 들어 단원전시관 이전을 추진하고 있다. 그러나 이것들은 정책 부재의 결과이며, 시민들의 참여 저조나 전시 기능 중복으로 설명될 수 없다. 이미 두 공간은 미술전문 전시관과 기타 전시관으로 기능이 분화되고 있기 때문이다.

단원전시관도 문화예술의전당 정도의 정책적인 지원이 있다면 시민들의 관심을 충분히 집중시킬 수 있다. 현재 단원전시관을 현대화하고, 그곳에 갤러리와 휴게 공간 등이 있는 미술타운을 만들면 국제적으로 유명한 전시도 유치할 수 있고, 아시아 대학생 청년 작가 미술 축제ASYAAF 같은 전시를 기획할 수도 있을 것이다.

시화호
조력발전소에 대한 기억

　2010년 10월, 시화호 조력발전소 준공을 앞두고 여러 가지 말들이 있었다. 경기도가 전력 생산으로 나오는 수익에 대해 세금을 부과하겠다고 한 것이나 시화호 통선문* 설치를 요구하고 나선 것 등이다. 조력발전소 건설 주관 기관인 한국수자원공사는 이런 제안에 대해 예산문제를 들어 난색을 표했다. 이와 같은 지역 지자체와 건설기관 간 갈등의 해결방안은 조력발전소 건설 경위를 되짚어보면 찾을 수 있다.

　조력발전소 건설은 청정에너지에 대한 수요가 크지 않았던 1970년대 후반부터 조차가 큰 서해안에서 계속 제기되어왔다. 충남 가로림만은 서해안에서 조차가 가장 큰 경기만과 조차는 비슷하고, 만의 내부는 넓으면서 입구가 좁아 오랫동안 조력발전소 적지로 꼽혀왔다. 하지만 세계적으로 조력발전이 크게 성공한 사례가 없고, 건설 예산이 많이 드는 등 경제성이 낮아 시도하지 못했다.

---

*통선문(通船門)은 방조제의 일부분을 구성하는 시설 또는 수위차가 있는 방조제 내외를 선박이 항해할 수 있도록 하는 구조물로 주로 하구둑에 설치된다.

그러던 차에 1994년, 시화호 방조제가 생겼다.

조력발전소 건설 경비에는 방조제 비중이 크므로 이미 방조제가 있는 곳에 발전소를 건설한다면 그만큼 경비 절감 효과가 있다. 따라서 한국수자원공사는 한국해양연구원에 시화호 조력발전소 건설을 의뢰했으나 방조제 건설을 제외하더라도 건설 경비 대비 수익이 낮다고 판단해 건설을 포기했다.

이때는 1990년대 후반으로, 안산시 입장에서는 시화호 수질을 개선하지 않으면 오염도시라는 오명을 극복하기 힘들었다. 1997년, 시화호 수질은 최악이었지만 어쩔 수 없이 해수를 유통시키고 있었다. 1999년에는 정부도 내부적으로 담수호 포기를 결정하려고 했다. 당시 해역 관리권을 가지고 있던 해양수산부는 이미 시화호를 해수호로 보고 있었다.

시화호 주변지역 시민단체와 전문가들은 '희망을 주는 시화호 만들기' 화성·시흥·안산 시민연대회의를 결성하고 시화호를 살려낼 대안을 찾기 시작해 1999년, '시화호 생태 공원 안'을 내놓았고, 이 대안에는 조력발전소 설치가 포함되어 있었다.

안산시는 '시화호 생태 공원 안'을 공식적으로 인정했으며, 해양수산부와 협의해 조력발전소 건설을 추진했다. 그러자 한국수자원공사 측에서 직접 조력발전소를 건설하겠다고 나섰다. 게다가 통선문을 설치하고 시화호도 함께 활용하겠다고 입장을 바꿨다. 조력발전소를 건설할 경우 시화호의 수질개선 효과와 관광단지 조성에 대한 부가가치를 뒤늦게 인정한 것으로 보였다. 건설에 들어갈 경비 대비 수익 비율에서 수익 부분에 환경개선 가치를 포함시키면 수익 전체가 커져 경제성이 높아질 것을 이해한 것이다.

안산시가 이런 과정을 정확하게 기억하고 있다면 전력생산에 대한 수익 배분에 대한 관심보다 우선 수질개선 효과가 분명히 있는지부터 확인하고 통선문 설치를 당당하게 요구하는 게 옳다. 그리고 시화호 개발에 관여하고 있는 각 기관들 또한 과거 자신들이 필요할 때 한 약속들을 이행하고 있는지 꼼꼼히 따져보아야 한다.

자연재해 대책
꼼꼼히 세우자

　　2010년, 태풍 덴무로 인해 서울에서만 세 명의 인명피해가 생겼고, 남부지방에도 호우로 인한 손실이 컸다. 2000년대 한반도를 할퀴고 간 태풍 중 2002년 루사, 2003년 매미, 2007년 나리는 모두 5조원 이상의 재산피해를 불러왔다. 태풍 루사로 200명 이상 인명피해를 입었으며, 매미 때는 역사상 가장 낮은 저기압을 기록했다. 이처럼 점차 거세지는 태풍을 동반한 집중호우 피해가 거의 매년 반복되는데도 예방과 안전 조치는 늘 미흡하다.

　　2005년 허리케인 카타리나가 미국을 강타했다. 태풍발생 초기 정부의 늑장 대응과 불성실한 대책으로 서민들의 피해가 훨씬 커졌다. 이에 미국 정부는 허리케인 복구사업을 세계 역사상 최대 규모의 재건사업으로 규명하고, 연방정부가 재정을 조달한다고 발표했다. 전문가들은 복구비용으로 최소한 2000억 달러약 220조 원가 들 것으로 예측했지만 이것으로 완전한 복구가 이루어지리라고는 아

무도 믿지 않았다. 당시 어느 신문기사의 제목처럼 '돈 먹는 하마'
가 되어 아직까지 복구가 진행되고 있다.

태풍이 가져다주는 긍정적인 효과도 있다. 대기 중 오염물질을
낙하시키거나 멀리 날려 보내고, 물 부족 현상도 해소한다. 그리고
강과 바다의 수질오염도 상당히 감소시킨다. 얼마 전 안산에 바람
을 동반한 큰 비가 내린 이후 안산천은 훨씬 맑아지고, 주변이 더
깨끗해진 것도 비와 바람의 영향이었다. 이것을 경제적 가치로 따
지면 오히려 피해액보다는 더 클 것이라는 추정도 있다. 그러나 자
연재해로 인한 피해는 대비만 잘 한다면 크게 줄일 수 있다는 점에
주목해야 한다.

문제는 태풍이 동반하는 집중호우 예측이 거의 불가능하다는

점이다. 최근 집중호우는 국지성 또는 게릴라성 집중호우인데 둘 다 좁은 지역에 집중해서 많은 비가 일시에 내린다는 공통점이 있다. 또 집중호우는 지역을 사전에 예측할 수 없다는 데 더 큰 문제점이 있다. 하루에 내린 최고 강우량도 1981년 장흥 547밀리미터, 1998년 강화도 619밀리미터, 2002년 강릉 870밀리미터로 갈수록 늘고 있다는 점과 이들 지역이 비교적 배수능력이 좋은 해안 지역이라는 점을 주목해야 한다. 그러나 하루에 500밀리미터 이상 폭우가 내린다면 한국의 어떤 도시도 안전을 보장할 수 없다. 그러니 재해에 치밀하게 대비해서 피해를 최소화하는 것에 현실적인 목표를 두어야 한다.

기후변화에 관한 정부 간 협의체IPCC 보고서에 따르면 지구온난화에 따른 기온 상승과 강수량 증가는 북반구 중위도권*에서 가장 클 것으로 내다보았다. 또 2004년 유엔개발계획UNEP 보고서의 홍수 피해 대처 능력을 나타내는 홍수위험지수는 우리나라가 6.85로 미국2.28, 일본2.81, 영국0.23, 프랑스2.90 등 OECD 국가 중 가장 높은 것으로 나타났다.

이렇게 보면 구릉지에 위치한 도시 안산은 하천의 월류**와 배수역량 점검 등 집단호우에 체계적인 대비가 반드시 필요하다. 피해 자체도 심각한 문제지만 이를 복구하는 동안 도시 발전은 오랫동안 정체될 수밖에 없기 때문이다.

---

* 현재 탄소배출량이 세계에서 가장 많은 지역이다.
** 越流. 제방이나 방파제, 호안 등에서 물이 넘쳐흐르는 현상을 말한다.

사람 위한
정책집행이 필요하다

　　안산에 사는 사람들은 세 가지 유형이다. 첫 번째는 현재 안산에 사는 사람이며, 두 번째는 안산에서 활동하는 사람이다. 세 번째는 안산에 사는 것에 자긍심을 가지고 있거나, 안산을 고향처럼 여기고 애정을 갖는 '참 안산사람'이다. 첫 번째 유형이 약 75만 명이고, 두 번째 유형은 그보다 좀 더 적을 것이다. 그러나 세 번째 유형에 속하는 안산사람은 훨씬 적다. 안산시 정책 결정자들은 당연히 세 번째 유형의 안산사람이어야 할 것이다. 그리고 첫 번째, 두 번째 유형의 사람들도 세 번째 유형의 안산사람으로 변화시켜야 하는 사명감을 가져야 한다.

　　고잔 1, 2동, 초지동, 선부동 등 재건축 예정지역에서 실제로 재건축이 시작되면 기존 주민 70퍼센트 이상이 다른 곳으로 이주해야 한다. 기존 주민이 떠난 자리에 지금보다 큰 집들^{대형 아파트단지}이 들어서면 다른 곳에서 살던 사람들이 새로 이주해와 대단위 주민 교체가 이루어지게 된다. 그러나 새 이주자들 중 상당수는 집을 잠자는 장소로만 여길 가능성이 크다. 출근하며 안산을 빠져나갔다가 퇴근 후 다시 돌아오는 경우로, 이들은 경제적 이유나 가족 구성원의 필요에 따라 안산에 거주하지만 안산에 특별한 애정은 없다. 안산으로 출근하는 사람 역시 마찬가지이며, 이 경우에도 안산은 생업을 위한 무대일 뿐 스스로를 안산사람이라고는 생각하지 않는다. 이들은 대표적인 안산사람 두 번째 유형에 속한다. 이것 말고도 '참 안산사람'인지 아닌지를 가릴 수 있는 예로 대형 마트의 골목 상권 진출을 들 수 있다.

대형 마트와 슈퍼마켓이 골목까지 진출하면서 기존 골목상권이 사라지고 상점의 다양성은 줄어들었다. 대형 마트나 슈퍼마켓은 상품 수도 많고 종류도 다양하지만 구매자 입장에서 볼 때 구매 폭은 좁아질 수밖에 없다. 마트 식당가에서는 막걸리집이나 호프집, 풀빵 가게는 없기 때문이다. 골목에 다양하게 들어서 있던 점포들이 한꺼번에 대형 마트로 흡수되면서 서민 중심지역 공동체가 무너지고, 일자리를 잃는 사람들이 늘어나, 결국 골목시장이 사라지는 결과를 낳은 셈이다.

대형 마트와 슈퍼마켓은 골목 상점들보다 재정 규모가 훨씬 크다. 언뜻 보면 골목시장 대형 사업체로 바뀌는 것이 지역경제에 도움이 될 것 같은 착시현상을 일으킨다. 그러나 그렇지만도 않다. 대형 매장들은 대기업이 주도하는 사업들이므로 안산이 차지하는 수익은 적을 수밖에 없기 때문이다.
그리고 골목시장의 경제 규모보다 큰
골목시장에 종사하는 사람들의 경제
가치를 무시할 수 없다. 골목시장 사
람들은 안산사람 유형 세 번째에 속하
는 사람들로 지역에 대한 자긍심과 애
정이 크기 때문이다. 반면 대형 마트
와 슈퍼마켓 관리자나 책임자는 안산
사람 유형 두 번째에 속할 가능성이
높다. 안산에서의 경제 활동에만 관심이 큰 사람들이다.

그런데 정책 결정자들은 왜 세 번째 유형의 안산사람들보다는
두 번째 유형에 속하는 사람들의 사업에 더 많이 신경 쓸까? 진정
한 유권자는 세 번째 유형에 더 많은데도 말이다. 아마 가시적인
성과에 연연하기 때문일 것이다. 정책 결정자들이 도시의 외형적
인 변화에만 치중하다 보면 경제는 점차 대기업이 있는 서울에 예
속되고, 개성 없는 도시가 되고 만다. 안산 정책 결정자들은 '참 안
산사람'에 대해 애정을 갖고 그들을 위한 정책을 마련하기를 기대
해 본다.

불편한 진실,
시화호 퇴적물 처리

　〈불편한 진실〉은 미국 엘 고어 전 부통령의 지구온난화에 대한 강연을 영화로 만든 것으로, 아카데미 시상식에서 장편 다큐멘터리 상을 받아 널리 알려졌다. 이 말은 누구나 다 짐작하고 있지만 인정하고 싶지 않은 사실을 말할 때 주로 쓰는 표현이다. 영화에서는 지구의 환경문제를 다뤘지만, 이제는 정치, 사회, 개인 간의 문제에도 이 표현이 사용된다. 핵심은 이 진실을 늦게 알수록 문제의 크기가 걷잡을 수 없을 만큼 커진다는 데 있다.

　시화호 수질이 더 나빠지지 않고, 간척지에서 각종 개발 계획이 발표되면서 지역에서는 온통 장밋빛 전망만 가득하다. 벌써 시화호에서는 핀수영fin swimming* 대회가 몇 번 열렸고, 각종 해양스포츠의 장이 되고 있다. 시화호 주변 세 지자체들은 향후 레저스포츠 계획을 더 확대할 예정이어서 시화호 물과 사람들의 접촉은 더욱 늘어날 전망이다. 그러나 시화호에도 당연히 불편한 진실이 있다.

---

* 핀수영(Fin Swimming)은 핀을 발에 끼고 근육의 힘만으로 수면이나 수중에서 실시하는 수영을 말한다.

시화호의 수질이 수영할 만큼 좋지 않고, 현재처럼 관리한다면 앞으로도 좋아질 가능성이 매우 낮다는 점이다.

시화호 수질이 좀처럼 개선되기 힘든 이유는 두 가지가 있다. 첫 번째는 과다한 유기물 유입이다. 유입 자체를 제대로 제어하지 못할 뿐 아니라 유입량도 정확하게 파악하지 못하고 있다. 시화호 면적은 약 51제곱킬로미터이지만 유입경로가 여러 군데이고 비가 오면 경사면을 통해 이들 유입경로로 모아지는 유역면적은 자그마치 476.5제곱킬로미터에 달한다. 시화호 면적의 아홉 배나 되는 것이다. 그러니 축산 폐기물이나 비료 등 호수 주변에 버려지는 물질이 언제든지 시화호로 흘러들 수 있어 이러한 유기물 유입 관리가 시급하다.

두 번째는 시화호 바닥에 쌓여 있는 퇴적물이다. 시화호 바닥에는 북측 반월·시화산업단지가 생긴 이후 배출되었던 산업폐기물이 그대로 가라앉아 있는데 한 번도 적극적인 조치를 취하지 않았다. 퇴적물 내에는 중금속과 환경호르몬인 내분비교란물질들이 고농도로 집적되어 있다. 더군다나 시화호 중간 부분부터 상류 쪽으로는 오염된 퇴적물들이 물 밖으로 노출되기 시작해 수로가 좁아지는 열병합발전소 부근에서는 노출된 퇴적물 층만 1미터 이상이 된다. 이런 퇴적층은 일반 갯벌처럼 엉겨 있거나 굳은 상태가 아니고 마치 연한 죽처럼 되어 있어 강한 물살에 쓸려 내려갈 수 있다. 큰 비가 올 때는 희석이라도 되지만 일반 상태에서 흘러나가면 시화호의 다른 쪽이나 시화호를 감싸고 있는 바다가 2차 오염될 수 있는 점을 주목해야 한다. 그러나 현재 퇴적물 처리에는 아무런 대책이나 계획이 없다.

이런 문제들 때문에 그동안 정부가 약속했던 수질등급은 지켜지지 않았다. 시화호 생성 초기 환경부의 개선 약속과 그 후 해양수산부가 2006년까지 수영이 가능한 2등급으로 만들겠다는 약속은 지켜지지 않았고, 국토해양부가 약속한 수질 2등급도 도저히 지킬 수 없는 상황이다. 한국수자원공사도 지속가능한 발전협의회를 통해 북측 간척지 개발 이전에 수질과 퇴적물 처리를 호언장담했으나 아직 아무런 조치를 취하지 않고 있다. 그러면서 조력발전소 발전에 따른 해수 소통으로 오염문제가 다시 불거질까봐 걱정하고 있다.

이처럼 시화호를 둘러싼 지자체들 사이에 시화호의 수질 문제는 '불편한 진실'이다. 지자체들은 울산 태화강 사례를 잘 검토하고 시화호 오염문제를 해결할 강한 의지를 가져야 한다. 시화호를 둘러싼 지역사회가 가장 직접적인 이해당사자이기 때문이다. 시화호가 다시 오염으로 사회적 이슈가 되면 지금까지 기울인 모든 환경개선 노력이 물거품이 될 지도 모른다.

우리도 그린 마이스 산업이
가능한가?

2010년 11월, 제주도에서는 그린 마이스green mice 산업 진흥을 위한 '제2회 제주도 그린 마이스 위크' 행사가 열렸다. 마이스MICE는 미팅meeting, 인센티브incentive, 콘벤션convention, 전시exhibition 사업의 약자이며, 인센티브는 인센티브 여행을 말한다.

그린 마이스란 환경 친화적인 마이스 산업을 말하며, 제주도는 이 산업을 차기 성장 동력으로 보고 있었다. 기존 관광과 달리 수익은 많고 굴뚝 없는 산업으로서 제주도 미래를 위한 준비와 투자가 한창이었다. 단순히 방문객 수나 체류시간으로 따지는 일반 관광보다 부가가치가 훨씬 높은 관광산업이라고 판단한 듯했다.

크고 작은 회의, 초대형 국제 행사, 전시회를 개최하는 기업이 기업 또는 지역사회에 기여한 사람이나 그룹에게 제공하는 인센티브 여행은 기업 이익을 사회에 환원한다는 의미를 가지므로 사회에 기여한다는 명분과 윤리적이라는 이미지까지 얻을 수 있어 최근 기업들이 선호하는 여행 형태다. 국내 대기업이 대학생 국토 대장정을 지원하거나 주요 고객에게 제공하는 해외여행 등이 이에 해당한다. 여기서 중요한 점은 세계 경제위기로 기업들이 근거리 여행 프로그램을 선호한다는 것이다. 게다가 환경적 이미지까지 고려해 자연 친화적 장소 등 차별화된 여행지와 프로그램을 선택하고 있다. 대도시는 아주 큰 행사를 제외하고는 이런 부분에서 제외된다. 제주도 올레 길에 단체 보도여행객도 많은 것도 이와 무관하지 않다.

마이스 산업은 중국에서도 환영받는 추세다. 제주도 행사에 참가한 중국인 발표자는 "중국 내에는 다국적 기업이 많아 그린 아이

디어에 대한 수요가 높고, 기업의 사회적인 책임이 강조되고 있어 그린green과 마이스mice의 결합은 하나의 흐름이고, 앞으로도 더욱 강조될 것"이라고 말했다. 마이스 산업의 수요자로서 중국 잠재력은 거대할 것으로 짐작할 수 있다.

그렇다면 안산은 어떨까? 환경과 관련한 중·소규모 마이스 산업에 주목하되 세 가지 점을 고려해야 한다. 첫째, 안산시에는 기업이 많지만, 산업단지를 방문하는 외국인들이나 손님들이 가보고 싶은 곳이나 머물 적당한 숙소는 의외로 적다. 둘째, 안산시와 시화호는 비록 부정적이긴 하지만 환경에 관한 지명도가 높다. 셋째, 현재 매립이 진행되고 있는 시화호 북측은 환경 친화적으로 간척될 예정이다. 즉 안산에 새로운 부지가 생긴다.

이 세 가지와 수도권과 인접하다는 이점을 활용해 안산에서도 환경문제를 논의할 적절한 모임과 전시, 회의 공간을 제공하는 상상을 해보자. 나아가 일박 이일 정도 인센티브 여행지가 될 수도 있다. 바다와 갯벌, 철새 그리고 넓은 호수가 있기 때문에 가능하다. 아울러 대부도와 시화호 주변 자연을 잘 가꾸고 부분적으로 복원한다면 분명 매력적인 여행지가 될 수 있을 것이다.

도시를 배우는
두 가지 방법

안산에서 몇 년 산 사람들은 제각각의 기준으로 안산을 바라보고 판단한다. 그러고는 안산에 대해서 꽤 잘 안다고 생각한다. 특히 정책을 결정하는 공무원이나 시의원, 단체장, 시민단체에서 일하는 활동가와 언론 종사자들은 나름대로 이 도시에 영향력을 행사하고 있다. 몇몇은 본인의 활동 범위에서 만난 사람들이 처한 문제를 안산시 전체 시민들의 문제로 일반화하여 생각하는 경향이 있다. 그러나 신도시 시민들은 와동이나 고잔1동 현황을 상상하기 어렵고, 대부동에 거주하는 주민들은 건건동이나 사사동이라는 동네 이름 자체가 생소하다. 지도를 보면서 정보를 얻을 수도 있지만 이름 이상 실체는 와 닿지 않는다.

시 정책을 결정하고 집행하는 사람들이 도시에 대해서 잘 알지 못하면 확신을 가지고 정책을 만들 수 없다. 또 시 정책에 이견을 내놓거나 정책을 감시하는 시민단체, 언론 역시 도시에 대해 잘 모른다면 공무원 같은 정책 결정자들을 설득시킬 만한 토론을 기대하기 어렵다. 그러면 안산을 어떻게 배워야 하는가? 안산의 실체를 보려면 모든 동네 골목을 다녀보는 것도 좋지만 현실적인 어려움이 있다. 그래서 여기에 두 가지 효과적인 방법을 제시하고자 한다.

먼저 전망대를 찾아 도시를 바라보는 것이다. 관광으로 유명한 대도시가 아니더라도 어디에나 도시 전체를 조망할 수 있는 전망대가 있게 마련이다. 전망대에 올라서면 한 눈에 도시 규모와 형태를 파악할 수 있고, 그러다 보면 도시가 발전해 온 흔적을 관찰할 수도 있다. 도시를 상징하는 랜드 마크인 뉴욕 엠파이어스테이트 빌딩, 파리 에펠탑, 동경 동경타워, 타이페이 101빌딩, 서울 63빌딩과 남산타워 등에 이런 전망대가 있다.

안산에는 딱히 그럴만한 전망대가 없다. 물론 안산에도 20층이 넘는 빌딩이 있고, 위치도 좋지만 전망할 수 있는 시설이 없다. 이럴 땐 산 정상이 전망대가 되기도 한다. 광덕산이나 노적봉 또는 수리산 정상에 오르면 안산을 조망할 수 있다. 광덕산 정상은 도시 중심부를 내려다 볼 수 있는 좋은 위치지만 높이가 낮아 시화호나 공단은 함께 볼 수 없다. 그리고 수리산은 높아서 넓은 조망권을 가지고 있고, 옛 안산 모습을 상상할 수 있는 장점이 있지만 도시 중심부와 너무 멀리 떨어져 있다.

산들이 가지지 못하는 단점을 보완할 수 있는 곳이 바로 공단 전망대다. 이 전망대에 오르면 시화호와 산업단지를 생생하게 볼 수 있다. 공단에 밀집한 5천여 개 공장에 대한 실감이 비로소 다가온다. 공단 전망대에서 안산시와 산업단지를 내려다보면 왜 안산시에 대기오염 문제가 발생할 수밖에 없는지, 만약 폐수처리가 잘 되지 않을 경우 어떤 문제가 생길지 등 도시를 둘러싼 여러 가지 문제를 종합적으로 이해할 수 있게 된다.

두 번째는 통계연보를 옆에 두고 보는 것이다. 연보에는 가장 공신력 있는 정보가 들어 있다. 물론 사안별로 분석되어 이해가 쉽지는 않지만 관심을 가지고 보다 보면 정보를 조합해 판단할 수 있는 능력이 생긴다.

안산을 배우고 싶은 사람들이나 행정, 정책집행에 관심 있는 사람들은 공단 전망대를 활용하거나 통계연보를 들여다보라고 권하고 싶다. 그러면 안산이 새롭게 보일 것이다.

미래는
교육에 달려 있다

보통 환경교육을 표현할 때 이렇게 이야기 한다. "교육의 효과는 느리지만 크고 확실하다." 환경을 지키는 데 교육이 최고라는 뜻이다. 환경을 지키고 개선하는 데 교육만한 대책이 없다는 것 또한 전문가들의 일치된 생각이다. 교육을 잘 받은 사람들이 환경을 지키고 개선하는 활동에 적극 참여하는 것은 물론이고, 다른 사람들에게도 긍정적인 영향을 미쳐 효과가 확산되기 때문이다. 다른 분야에서도 교육의 효과가 클까? 궁금하던 차에 기업교육에 관한 두 가지 글을 읽었다. 주인공은 초일류기업 최고경영자CEO들로, 미국 제너럴 일렉트릭GE 제프리 이멀트 회장과 삼성 이건희 회장이다.

이멀트 회장은 한때 망해가던 GE 가전기업의 위기를 극복하고 다시 일으켰을 뿐 아니라 전 분야를 총괄하는 최고경영자로서 GE를 세계에서 가장 존경받는 기업으로 만들었다. 불과 10년 만에

176

달성한 성과였다. 게다가 GE는 CEO의 사관학교로 불릴 정도로 유명한 경영자를 많이 배출했다. 이멀트 회장이 사람을 기업 성공 최우선 요소로 보고 시간과 자원을 들여 리더 개발에 헌신한 결과였다. 그는 자신의 업무시간 30퍼센트를 직원교육에 썼고, 해마다 직원 훈련에 10억 달러약 1조1천100억 원를 투자했다. 이런 과감한 투자는 기업을 커다란 성공으로 이끌었고 우수한 경영리더들을 양성하는 효과를 거두었다. 뿐만 아니라 최고위급 임원 600명 중 90퍼센트가 내부에서 승진할 정도로 인재들이 생겨났다. GE 출신들이 여러 다른 기업에서 CEO로 맹활약하는 점도 GE의 성공을 증명한다.

삼성 이건희 회장 역시 마찬가지다. 삼성도 과거 가전 중심 기업이었고, 10년이라는 비교적 짧은 시간에 놀랄만한 목표를 달성했다는 점에서 이멀트 회장과 이건희 회장은 공통점이 있다. 이건희 회장이 처음 회장이 되었을 당시 삼성은 국내에서는 수익을 남기고 있었지만 외국 시장에서는 누구도 눈여겨보지 않는 3류 전자제품 제조업체였다. 외국 매장 구석에서 먼지를 뒤집어쓴 삼성 제품을 보고 충격을 받은 이건희 회장은 삼성을 세계 일류기업으로 만들기로 결심하고 1993년 '신경영'을 선언한다.

그 후 약 석 달, 이건희 회장은 1천200여 시간 동안 직접 임직원들을 교육해 자신과의 일체감을 형성하고 신경영에 대한 교육에 총력을 기울였다. 경영자라면 누구나 일류기업을 만들겠다는 목표를 설정할 수 있지만, 이 회장처럼 직접 직원 교육에 나선 것은 이

례적인 일이었다. 그 결과 반도체 사업에 큰 투자가 성사되었고, 모든 직원이 함께 성공에 대한 믿음을 가질 수 있었다. 수백억 원의 교육비용과 1조가 넘는 투자는 당시에는 미친 짓처럼 보였지만 나중에 이룬 성과를 보면 결코 크지 않은 비용이었다는 것을 알게 된다. 2002년 전자부문 매출에서 삼성이 소니를 이겼을 때도 샴페인을 터트리기 보다는 회장단 50시간 연속회의를 추진했다. 지금까지 삼성을 최고 기업으로 유지할 수 있는 비결이 여기에 있는 게 아닐까 싶다.

삼성 출신의 CEO들이 다른 기업을 성공적으로 이끄는 점도 GE와 닮았다. 삼성과 GE를 보면 교육도 중요하지만 그 이전에 지도자에 대한 신뢰가 더 확실한 교육 효과를 낳는 다는 것을 알 수 있다. 이처럼 교육은 가정, 도시, 기업뿐만 아니라 나라의 미래까지 좌우한다.

도시 기본계획,
재검토가 필요하다

어느 도시든 도시를 운영하기 위한 기본계획이 있다. 도시 기능에 문제가 생기면 이 기본계획을 수정하기도 하고, 새로 만들기도 한다. 도시계획에서 도시들은 방사형과 직교형 그리고 두 가지 유형을 혼합한 형태로 분류된다. 방사放射형 도시는 도시 권역이나 거리망이 한 곳을 중심으로 햇살 형태, 즉 방사형으로 펼쳐진 도시를 일컫는다. 도시 미관이 좋고 외곽에서 도심으로 접근하는 데 유리하지만 교통 문제가 발생해 도심이 굉장히 복잡해지는 단점이 있다. 직교直交형 도시는 격자형 가로망으로 이루어져 도시 확장이나 건설에 유리하다.

유럽 도시들은 방사형이 많다. 도심에는 높은 고층과 상가들이 집중되어 있고, 도심을 벗어나면 주거지역이 있다. 이런 도시들은 성이나 대성당 또는 큰 광장을 중심으로 발달했다. 외곽에서 바라보면 고층 빌딩으로 밀집된 도심이 한 눈에 보인다.

독일 칼수루에, 프랑스 스트라르부스, 호주 수도 캔버라가 전형적인 방사형 도시다. 독일 칼수루에Kalsruhe는 역사가 300년이 넘으며, 성을 중심으로 32개 방사형 도로가 태양 광선처럼 펼쳐졌다. 그러나 도시가 발전하면서 도심 중앙이 지나치게 혼잡해 지고, 대중교통이 집중되면서 커다란 혼란을 겪었다. 그래서 칼수루에 시는 2002년 시민참여 과정을 거쳐 아이디어를 모으고, 투표도 했다. 그 결과 대규모 도시 종합 재개발 프로젝트를 수행해 '마스트 플랜 시티 2015'를 수립했다. 특히 교통체계를 대폭 수정했고, 20여 개 새로운 자전거 도로망을 만들었다. 지금은 유럽 최고의 자전거 도시가 되었으며, 녹색도시로도 세계적인 유명세를 얻게 되었다.

또 다른 방사형 도시 호주 캔버라Canberra는 계획도시인 안산의 모델이기도 하다. 넓은 평원에 조성된 도심 중앙에는 공공건물과 상업시설들이 몰려 있고, 도심 밖으로는 유럽처럼 일반 주택들이

배치되어 있다. 캔버라는 호수, 공원, 문화 시설이 균형을 이룬 쾌적한 도시로 알려졌다. 하지만 치밀하게 계획되었다는 도시도 대중교통 체계가 빈약하다는 약점이 있다. 방사형 도시는 대개 한 곳을 중심으로 발달해 외곽에 거주하는 시민들은 무슨 일을 하더라도 도심으로 나가야 하는 단점이 있다. 이런 단점들은 도시가 확장될수록 점점 부

각된다.

서울은 전형적인 직교형 도시이며, 강을 두고 남북으로 두 개의 도심이 있다. 서울시는 2011년 4월, 도시계획 체계를 강화하기 위해 '2030 서울 도시 기본계획안'을 발표했다. 도시 기본계획은 토지이용, 주택, 교통, 공원녹지 등 서울시 도시 공간 계획과 관련한 최상위 계획이다. 이 안은 기존 강북, 강남 양대 중심축에 영등포 여의도를 금융허브로 성장시키겠다는 3핵 시대의 구상을 기본 틀로 한다. 그리고 세 곳에 부도심을 육성하고, 8개 광역거점과 5개 지역거점을 육성하려는 내용도 계획안에 포함시켰다.

안산시도 전형적인 직교형 도시처럼 보인다. 하지만 선부동 다이아몬드 광장이나 성포동 성포공원과 상록수역에 가면 도로가 방사형 구조를 나타낸다. 그래서 안산을 보통 직교 방사형 도시라고 한다. 직교형을 기본으로 하되 도시 내부 몇몇 거점은 방사형으로 조성하면 한 곳에 집중될 수도 있는 도심을 분산할 수 있어 균형 발전을 이룰 수 있다는 것이 이 유형의 장점이다.

도시 구조상 앞에서 열거한 세 곳은 자연스럽게 부도심으로 발전했다. 안산시도 이런 도시 구조에 걸맞는 기본계획을 가지고 있다. 하지만 부도심의 차별화 전략과 이를 뒷받침하는 행정 기능이 부족해 제 기능을 다하지 못하고 있다. 도시 기본계획을 다시 검토해 도시 유형의 장점을 살릴 필요가 있다.

도시 생물
센서스*가 있다면?

　　요즈음 국내외적으로 각종 전수조사, 센서스가 많다. 안산에 살고 있는 생물들은 얼마나 될까? 생태계에 관심이 많은 사람들이 궁금해 하는 통계이다. 이번에 집필되고 있는 안산시사 자연환경 편에 나오는 생물군 수를 모두 더하면 궁금증이 풀릴지도 모른다.

　　짐작이긴 하지만 시사의 자연환경 부분은 서론부에서 도시의 환경적 개황槪況:대략의 상황을 적는 것일 경우가 대부분이라 기대를 충족하기는 어려울 것이다. 한 지역에 사는 생물들의 생태와 습성, 사람들과의 연계성, 환경에 따른 개체군의 변화, 생물들과 관련된 문화 등을 일컬어 자연사라고도 하니 시사에서 지역생물에 대한 비중을 높여도 이상한 일은 아니다. 하지만 일반적으로 시사는 인문사회 분야를 중심으로 집필되는 것이어서 아쉬움이 남는다.

　　사람도 아닌 생물들의 수가 왜 중요하고, 관심을 가져야 할까?

---

* 센서스(census)는 인구조사와 같은 총조사를 뜻한다.

모든 사람들은 자연에 의존하고 산다. 자연 생태계가 주는 혜택, 즉 서비스는 생물다양성의 상대적인 크기로 비교하기도 한다. 음식 재료, 나무나 석유, 석탄 등 연료, 목재, 의약품 원료, 모시나 삼베, 나일론 등 직물 재료 등을 열거해보면 자연 없이 살기란 힘들다는 걸 알 수 있다. 뿐만 아니라 맑은 공기, 깨끗한 물, 시원한 바람, 아름다운 경관도 자연 생태계가 잘 유지될 때나 가능하다.

수질 정화나 재해 방지와 같은 서비스도 생태계로부터 제공받는다. 그래서 자연생태계의 안정성이 중요한데, 생물다양성이 커야 생태계가 안정되고 다양한 서비스를 기대할 수 있다. 서비스의 종류나 질로 생태계 서비스의 크기, 즉 경제적 가치를 따지기도 한다. 생물다양성은 일반적으로 종의 수로 판정하지만, 유전자 다양성과 생태계서식처 다양성으로도 평가할 수 있다. 같은 종이라도 여러 집단이 있으면 유전자 다양성이 높다고 말할 수 있으며, 이럴 경우 이 종은 안정되게 한 지역에서 잘 유지될 수 있다. 풀밭과 숲, 호수에 사는 생물들은 서로 다르다. 그러므로 서식지가 다양하면 생물들이 다양하기 마련이다.

생태계 내에서 생물들은 서로 의존하며 살아간다. 의존하는 관계가 복잡하다는 것은 해당 생태계 내에 많은 종들이 살고 있다는 방증이다. 어떤 생태계든 소수 종으로 이루어져 있을 경우 외부 환경 변화나 충격에 취약할 수밖에 없다. 이런 생태계는 이용되는 먹이도 단순해, 이 먹이가 갑자기 줄어들면 연쇄적으로 생물군들이 크게 감소하게 된다.

시화호의 경우, 물이 오염이 되면서 물이 건강할 때와 비교해 생물 수가 1/10 이하로 줄기도 했는데, 이렇게 되면 먹이 종류가 줄고 자연 포식자 수도 줄 수밖에 없다. 포식자는 사람들이 수산물로 이용하는 종들이다. 해양생태계에 큰 영향을 미치는 적조 생물 식물플랑크톤과 일부 갯지렁이류가 훼손된 환경에 적응해 대량 번식하는데, 이들은 생태계에서의 기능이 매우 제한적이다.

생물다양성을 연구하면 생물자원 분포와 수 그리고 해당 생물들이 안정되게 서식하는 서식지를 찾아낼 수 있다. 자원은 단순히 먹을거리로 직접 이용되는 수산생물뿐 아니라 경관 자원, 생태관광 자원, 교육 자원으로도 나눌 수 있다. 외래식물로 인공 조성한 공원에는 벌, 나비, 잠자리들이 다가가지 않는다. 우리 주변 공원에서 나비와 벌을 쉽게 볼 수 있다면 관광이나 교육의 가치가 커지는 것이다.

생태도시에서는 잘 만들어진 생태지도가 필요하고 생태지도에는 도시생태계를 구성하는 대표 종들이 소개된다. 생태지도는 관광지도와 환경교육지도로 이용되기도 한다. 수원시 생태지도가 좋은 예다. 안산에도 생물 종을 사진으로 기록하는 사람들이 많으므로 그런 자료들만 잘 모아도 생물 센서스에 큰 도움이 될 수 있을 것이다.

우리의 건축물,
다시 한 번 돌아보자

한국 YMCA와 오스트리아 젊은 건축가 모임 아키텍처 인 프로그레스가 공동으로 '지속가능 한국-오스트리아 건축전'을 여러 도시를 방문해 개최하고 있다. 안산에서는 건물 에너지 효율을 효과적으로 높이는 방법으로 알려진 패시브하우스passive house 건축 기술에 대한 전시회가 열렸다. 건축에서 에너지 절감은 기후변화 위기에 대응하는 최고의 대안으로 제기되고 있어 안산시로서는 시의적절한 전시회였다.

건축물은 전 세계 자재의 약 40퍼센트를 소모하고, 유럽에서는 전체 에너지의 약 40퍼센트, 국내는 약 30퍼센트를 소비한다. 그리고 지구온난화 주범인 온실가스는 20퍼센트 이상 방출한다. 따라서 지구환경 위기를 해결하려면 건축물 에너지 사용을 줄여야 한다.

현대 도시에서 건축은 두 가지 측면에서 주목 받고 있다. 패시브하우스와 공동주택 등 에너지 효율을 높이는 건축 방식과 도시의 지속가능한 발전에 기여하는 건축물이다. 대부분 현대 도시 건축에서 두 가지 측면이 함께 발전하고 있다는 것은 도시를 발전시키고 에너지 효율까지 고려하는 다목적 건축물이 필요하다는 방증이다.

최근 지방자치단체 청사가 에너지 문제 때문에 따가운 시선을 받고 있다. 같은 청사라도 구미시 같이 '그린청사'로 불리는 곳이 있는가 하면 '에너지 먹는 유리성'이라고 비난 받는 청사도 있다. 문제는 후자가 훨씬 많다는 점이다.

유리는 에너지 효율을 따져볼 때 문제가 큰 자재다. 채광이나 겨울철 햇볕 투과에는 장점이 있지만, 잘못 시공하면 여름에는 건물을 찜통으로 만들고 겨울에는 내부 열을 많이 빼앗긴다. 그러므로 건물에 유리 시공을 할 때는 유리창이 차지하는 면적이나 건물 방향, 차단막을 고려해야 한다. 예술성도 없으면서 겉멋만 부린 거대한 지방자치단체 청사 건물을 볼 때마다 안타까울 따름이다.

여러 뉴스에서도 사방을 유리로 둘러싼 주상복합건물 외관을 '글라스 커튼 월glass curtain wall'이라고 하며, 이런 유리 온실들이 콘크리트 건물보다 열 손실이 7배나 많아 혹서기나 혹한기에는 전기 먹는 하마나 다름없다고 보도 했다. 또 이런 건물이 많으면 아무리 발전소를 많이 지어도 결코 전력난에서 벗어날 수 없다고 경고했다. 정책 결정자들뿐 아니라 건축가들도 의식의 변화가 필요하다는 점을 보여주는 대목이다.

이제 현대건축은 에너지는 물론, 도시 미관을 개선해 도시의 예술성까지 창조하고 있다. 독일 베를린의 노르딕 국가 연합 대사관 건물이 대표적이며, 뒤셀도르프 미디어 항에도 독특한 디자인과 에너지 효율을 고려한 건축물이 많아 세계의 주목을 받고 있다. 기상천외하면서도 훌륭한 기능을 갖춘 건축물들은 도시의 랜드 마크가 되고, 자연스레 관광객이 많이 찾는다.

건축가 임석재는 『건축, 우리의 자화상』에서 "건축기술은 다른 기술과는 달리 문화적 지배를 강하게 받는다. 더욱이 이것이 양식으로 전환되고 나면 더 이상 기술이 아니라 문화예술 어휘가 되어버린다."고 했다. 이처럼 안산 건축물에서는 또 다른 우리 자화상을 보게 된다. 이제부터는 다른 나라 건축 전시회가 아닌 '안산 건축물 전시회'를 통해 건축 자화상을 보면 어떨까? 그래서 지금부터라도 시화호 북측 MTV멀티테크노밸리* 호변에 지어질 건축물에서는 우리의 새로운 모습을 볼 수 있었으면 좋겠다.

---

* 시화MTV는 2001년 시화호 북측간석지에 약 9.26㎢에 달하는 환경친화적 첨단복합도시를 조성하는 시화멀티테크노밸리(MTV) 조성사업 계획을 말하며, 멀티테크노밸리(MTV)는 첨단산업과 상업, 물류·유통, 관광·휴양이 어우러진 친환경 복합단지를 포함한다.

협동조합,
가장 아름다운 활동과 실천

　2012년은 유엔이 정한 '세계 협동조합의 해'이다. 2010년 나고야에서 개최되었던 생물다양성 협약에서 챙겨온 자료 중에는 『윤리적 소비: 가장 아름다운 실행』이라는 제목의 소책자가 있었다. 자세히 살펴보니 아이쿱 코리아iCOOP Korea의 2009년도 보고서였다. 아이쿱 코리아는 한국 생협연합회를 말하며, 친親생태적 먹을거리와 공공 이익에 부합하는 소비 활동을 위한 소비자 협동조합이다. 보통 'icoop 생협연합회'로 쓰고, 영문으로는 'iCOOP Korea'로 표기한다.

　보고서 서문에는 1999년, 6개의 작은 단체로 출범한 것이 불과 10년 만인 2009년 현재 70개 지역 단체에서 5만 명 이상의 회원과 약 3천 명의 생산자들이 연계한 큰 조직으로 발전했다고 적혀 있었다. 지금은 전 세계에서 가장 큰 민간단체인 국제협동조합연맹 회원으로 당당하게 활동하며, 1895년 설립된 국제협동조합연맹은 93

개국 236개 협동조합과 8억여 명의 조합원을 대표하고 있다.

인터넷 사전에 따르면 협동조합은 "경제적으로 약소한 처지에 있는 농민이나 중·소상공업자, 일반 소비 대중들이 상부상조의 정신으로 경제적 이익을 추구하기 위해, 물자 등을 구매·생산·판매·소비할 때 일부 또는 전부를 협동으로 영위하는 조직단체"를 뜻하며, 대기업의 부당한 압박, 부정행위 그리고 중간상인의 농간을 배제하는 것이 주된 목적이다.

협동조합은 영리만 추구하는 것이 아니기 때문에 자본보다는 사람 중심으로 철저하게 민주적 운영 체제를 갖추어야 한다. 이러한 특성을 고려해 조합들은 조합 운영에 있어서 다음과 같은 네 가지 원칙을 준수하고 있다. '첫째, 사업 목적이 영리에 있지 않고 경제적 약자 간의 상호부조에 있다. 둘째, 임의로 설립되며, 조합원의 가입과 탈퇴가 자유로워야 한다. 셋째, 조합원은 출자액의 다소에 관계없이 평등한 의결권을 갖는다. 넷째, 잉여금을 조합원에게 분배함에 있어서는 출자액의 다소에 의하지 않고 조합사업의 이용 분량에 따라서 실시한다.' 등이다.

국제노동기구ILO 협동조합국 책임자 마리아 헤티그는 경제위기를 협동조합의 기회로 보았다. 그는 사회정의를 이루고 노동권을 향상하는 데 협동조합의 역할을 매우 중요하게 인식했다. 그리고 지금 세계 협동조합은 1억 명 이상에게 좋은 일자리를 제공한다고 말했다. 좋은 일자리는 인권을 존중하고, 적정한 수준의 임금을 받으며, 노동자가 자기가 원하는 가치를 추구할 수 있는 윤리적 일자리를 뜻한다. 역사적으로 보면 협동조합은 경제적 약자들이 불황기를 극복하기 위한 자구 조직으로 등장했다. 그러므로 경제위기 때 협동조합 사업 모델이 강점을 보인다. 실제로 경제위기 때 협동조합원 숫자가 증가했다고 한다.

2008년 경제위기 때 협동조합 은행은 더욱 성장했다. 예를 들어 네덜란드 라보은행은 2008년 네덜란드 전체 대출 시장의 42퍼센트를 점유했다. 라보은행은 세계에서 세 번째로 안전한 은행으로 평가받고 있다. 2008년 스위스 라이파이제 은행에는 조합원 15만 명이 새로 가입했다. 그리고 스위스에서 국민들에게 두 번째로 존경받는 인물인 고트리프 두트 바일러는 협동조합 미그로를 창립한 사업가다.

이제 우리나라에서도 협동조합을 바라보는 시각이 달라져야 한다. 협동조합은 대기업 횡포를 견제하는 수단이며, 사회정의를 실현하는 민주적 시민 역량이 필요한 시기에는 더욱 필요하기 때문이다.

안산은 소비자와 서민 참여형 협동조합이 활발하게 활동하는 도시 중 하나다. 또한 도시 발전 초창기에는 신용협동조합 은행이 서민들 생활에 큰 도움을 주기도 했다. 앞으로도 안산에서 협동조합이 보다 광범위하게 활동하며, 우리 도시가 새롭게 거듭나는데 크게 기여하기를 기대해 본다.

생태하천 복원 사업과 안산천

서울 양재천과 청계천의 성공은 생태하천 만들기 붐을 일으 켰다. 도시에서 가장 중요한 것이 물이고 하천이며, 도시 규모의 인 구가 형성되려면 하천은 가장 기본 요소이기 때문이다. 두 하천 말 고도 울산 태화강, 안양천, 수원천 등 성공한 사례가 많다.

반면 실패한 사례도 있다. 무안군 청계산에서 발원해 군 평야로 흐르는 작은 하천이 있다. 마침 기존 하천과 생태하천 공사를 막 마 친 구간 사이를 본 적이 있는데 말문이 막힐 정도였다. 공사가 진행 되기 전 상류는 비록 하천 폭이 좁고 수심은 얕지만 맑고 깨끗한 물 이 흐르고, 작은 물고기들과 다슬기 등 여러 생물들을 쉽게 볼 수 있었다. 하지만 공사한 구간은 하늘을 보고 있는 'ㄷ' 자 형의 콘크 리트 관로였다. 무안군 뿐 아니라 산중 계곡도 바위를 시멘트로 연 결하거나, 사행하는 하천을 직강화해서 생태하천이라 우기는 곳도 있다.

산골이든 도시든 공사한 하천에서 이전보다 더 큰 재해가 발생한다. 항상 임의로 바꾼 유로와 직강화가 문제다. 하천사업 공사비는 중앙정부에서 주는 예산이 큰 몫을 차지하며, 이 공사비가 지역을 지원하는 방식이기도 해 줄이기도 어렵다고 한다. 결국 세금으로 하는 사업들이 오히려 자연을 망치고, 재해를 불러오는 것이다.

양재천은 하천을 복원하고 난 뒤 하천 인근 서울 도곡동의 지가가 상승해 오염된 하천을 복원한 좋은 사례가 되었다. 하지만 전문가들은 대부분 청계천을 생태하천으로 보지 않는다. 청계천은 오랫동안 콘크리트에 덮여 있던 옛 하천을 물이 흐르는 공간으로 재탄생시켰으나, 생태계가 조성되거나 자연성을 되찾은 것이 아니기 때문이다.

환경부는 생태하천을 "하천이 지닌 본래의 자연성과 생태적 기능이 최대화 될 수 있도록 조성된 하천"으로 정의했다. 그리고 생태하천 복원 사업에 대해서는 "과도하게 인공화 된 하천을 내외의 인공적인 생태계 교란요인을 제거해 자연에 가깝게 복원하고, 건강한 생태계가 유지될 수 있도록 관리해 나가는 활동을 의미한다. 각종 수생식물의 서식처를 조성해 치수와 수질 개선 기능을 유지하면서도 생태계의 복원을 동시에 달성하는 사업"이라고 설명한다. 미국이나 일본 등 선진 외국에서도 복원 사업을 이와 비슷한 개념으로 보고 있으며, 댐이나 보를 없애고 최대한 원형에 가깝게 하천 기능을 되살려 내는 일을 일컫는다.

안산의 안산천과 화정천은 이미 한두 차례 직강화와 생태하천 조성사업을 한 바 있다. 그런데 요즈음 다시 생태하천을 만드는 공사를 전개하고 있다. 문제는 기존 하천변을 들어내고 인위적으로 바위 같은 다른 재질로 바꾸려한다는 것이다. 이는 복원 사업과 거리가 멀다. 안산천과 화정천은 청계천처럼 꾸밀 만큼 하천 모양이나 기능을 다 잃은 것도 아니다.

안산천 공사 전에 생태하천 복원 사업 본래의 의미와 사업 전에 모든 이해당사자들의 합의를 이끌어 내는 과정도 중요한 사업의 일부라는 점을 기억해야 한다.

빚, 그 달콤한 유혹

얼마 전, 국가경제 관련 강의를 듣던 중 강사인 경제학자에게 평소에 궁금했던 것을 질문했다. 일본의 올해 국가 부채가 200퍼센트 이상이라는데 그 정도면 경제회복이 불가능한 것이 아닌가 물었다. 번 돈이 이자를 갚기에도 부족한데, 써야 할 일은 점점 늘어난다면, 가정이나 회사처럼 나라도 회복이 불가능해 보였기 때문이었다.

부채 200퍼센트에 대해 간단히 예를 들면, 1년간 총 수입이 6천만 원인 가정에 빚이 1억 2천만 원이라는 것인데, 이자가 5퍼센트라고 하더라도 연 600만 원이고, 매달 이자만 약 50만 원씩 내야하는 것이다. 그런데 문제는 부모님 병원비, 아이들 학비, 주택할부금 등을 절약해도 월 600만 원이 든다면, 빚은 점점 늘어 결국 가계는 파산할 수밖에 없다.

2009년 일본의 나랏빚은 1경1천250조 원에 달했는데 이는 일본 국내총생산의 189퍼센트에 달하는 금액이었고, OECD 국가 중

단연 1위였다. 더 큰 문제는 빚이 줄지 않고 크게 늘어나고 있다는 점이다. 지난 20여 년 동안 경기부양이라는 이름으로 꼭 필요한 곳이 아닌 곳에 공항을 짓고, 새로운 시설을 개발하거나 확장하는 데 큰 빚을 내어 투자했다. 이런 투자에 정경유착이 작용해, 정치는 인심을 쓰고 업체들은 돈을 버는데 빚이 사용되었다.

강사는 이런 설명을 한 뒤 질문에 대한 대답을 한마디로 정의했다. "희망이 거의 없다." 지금은 각 가정이 가진 높은 저축자금으로 버텨나가지만 이것도 10년을 넘기기 어렵다고 했다. 지난해 일본 정부는 디플레이션을 선언하지 않을 수 없었다. 디플레이션은 사람들이 돈을 사용하지 않으니 물가를 내려야 소비가 촉진되지만, 정작 회사는 물건을 팔아도 수익이 남지 않아 경제활동이 침체되는 현상을 말한다. 수익이 나지 않는 회사는 직원을 해고하고 투자도 감소되는 악순환이 지속된다.

이웃나라 재정문제의 전개과정이 한국과 매우 비슷하다는 데 주목해야 한다. 우리나라 부채 비율은 아직 30퍼센트 중반대로 일본에 비해 한참 낮지만 부채 규모가 너무 빠르게 증가하고 있다는 데 그 심각성이 있다. 2010년 부채는 407조 원대로 1998년 94조 원에 비하면 12년 새 무려 4배나 증가했고, 이번 정부에 들어서는 175조 원이나 늘었다.

이 중, 국민의 세금으로 직접 갚아야 하는 적자성 채무가 무려 68.3퍼센트나 된다. 전체 나라 빚에서도 이런 나쁜 부분이 늘어나는 추세이고, 부채의 증가 속도는 OECD 국가 중에서 가장 빠르다. 게다가 정치적 목적에 의해 세금도 늘었다. 국민이 부담해야 할 공공기관의 부채까지 합치면 700조 원이 넘는다. 경기부양 방식도 일본과 비슷하다. 8조 원이나 빚을 내 시작한 4대강사업이 그렇다. 그래서 전문가들은 일본처럼 장기 저성장 체제로 가는 것이 아닌가 하는 우려를 나타내기도 한다. 게다가 한국의 경제 순위는 세계 11위2002년 기준에서 15위로 밀려났고, 이 순위권을 지키는 것도 쉽지 않으리라는 전망이다.

이런 씁쓸한 이야기를 하는 것은 2010년 현재 안산의 재정자립도가 53.5퍼센트* 에 불과할 뿐만 아니라 매년 낮아지고 있다는 것에 주목할 필요가 있기 때문이다. 안산시의 세수로는 살림의 절반밖에 대지 못해 시의 재정 자율성이 낮을 수밖에 없다. 그래서 정책 결정자들은 약속한 새로운 사업들 때문에 빚의 유혹에 빠져들기 쉽다.

현명한 경제 운용은 중앙정부만 하는 것이 아니고, 시정에서도 필요하다. 빚을 너무 쉽게 사용한 나라의 불행한 사정을 시정에서도 반면교사로 삼아야 한다.

---

* 2013년 현재 재정자립도는 더 낮아져 50%이하로 내려갔다.

다른 도시
알아보기

창원에서 배운다

　　2001년 안산시는 동남아와 중국 등 여섯 나라에서 온 대표단 손님들을 맞았다. 안산 시화호 관리에 지역사회가 어떻게 기여하고, 관리결과로부터 어떤 이익을 얻는지 시찰하기 위한 것이었다. 당시는 안산시와 지역 시민단체, 전문가들이 파트너십을 맺고 시화호 살리기에 총력을 기울이던 시기였다. 시화호 오염원을 찾아내고 개발자들에게 환경 친화적으로 개발하거나 보전할 것을 강하게 요구하던 때이기도 했다. 이때만 하더라도 시화호 지역은 체계적인 연안환경 관리의 선도 지역이었다. 이러한 안산시 리더십과 지역 주민들을 비롯한 이해당사자들이 참여하는 예상 관리체계를 보고 외국 대표단은 희망을 가졌다. 대표단을 보낸 도시들은 서로 정보와 경험을 교류할 필요성을 느끼고 네트워크 구축을 제안했다.

　　아시아 도시의 대표단이 안산 시화호를 찾은 것을 시작으로 매년 한 도시씩 방문하는 행사가 벌써 아홉 번째가 되었다. 2010년에는 태국 촌부리 지역 샌숙Saensuk 시에서 열렸다. 현재 아홉 나라에 25개 해안도시가 이 모임에 참여하고, 우리나라 공식 대표는 경기도이지만 2002년에는 안산시장도 이 모임에 참석했다. 2011년에는 창원이 이 모임에 가입할 예정이고, 2012년 모임은 창원에서 개최하겠다는 제안을 했다. 이미 창원은 가입하기도 전에 모임에 관한 대규모 국제행사를 유치하려는 시도를 한 것이다.

창원은 안산과 마찬가지로 계획도시이자 공업도시다. 스스로 환경수도라고 자칭하는 것도 안산이 환경생태도시라고 하는 것과 비슷하다. 한때 심각했던 마산만 수질오염은 시화호 오염에 못지않았다. 그런데 2008년 람사르협약* 당사국총회를 개최하고 나서 창원은 비약적으로 발전하고 있다. 창원이 이 국제 환경행사 개최를 환경도시로 가는 전환점으로 삼았기 때문이다.

창원은 인접한 두 도시 마산, 진해에 비해 늦게 탄생한 도시임에도 불구하고, 국내 최초로 세 도시의 통합을 주도했다. 통합도시 이름은 창원이 되었으며 인구는 약 1백만 명이다. 안산시가 시흥시와 의견 한 번 나누지 않은 채 '아니면 말고' 식으로 통합을 희망한다고 발표했던 사례와 정반대다. '공업도시에서 환경수도로'라는 창원 캐치프레이즈를 보면 환경을 분명한 도시 브랜드로 삼고 있다는 것을 알 수 있다. 녹색인척 하지 않는 진지한 행보가 창원을 살기 좋은 도시로 떠오르게 했다.

창원시는 2010년 11월, 미국 시카고에서 개최되었던 제14회 살기 좋은 도시 선정 대회Livcom Awards에서 은상을 받았다. 자연과

---

*람사르협약이란 물새 또는 동식물 서식지로 인정되는 습지를 보호하고자 채택된 국제협약으로 이란의 람사르에서 1971년 채택되었으며 1975년에 본격적으로 발효되었다.

인공조경 개선, 예술 문화와 유산 보전, 자연보호 우수사례, 지역 사회 참여와 권한 부여, 건강한 라이프스타일 부여, 전략적 미래계획 등 여섯 개 분야에서 절대평가를 하는 엄격한 심사를 거친 결과라고 한다. 이 대회는 유엔환경계획UNEP이 공인한 단체에서 주관한 것으로 같은 해, 브라질 꾸리찌바가 동상을 받았으니 성과를 인정할 만하다. 환경수도라는 표현이 자화자찬만 하는 것은 아니라는 뜻이다.

창원 마산만은 2008년부터 연안오염총량관리제를 실시해 목표 수질인 2등급을 달성했다. 또 완전히 썩었던 봉암갯벌을 복원하는 데 성공했다. 봉암갯벌에는 멸종위기종인 붉은발말똥게가 되돌아왔고, 수달 서식이 확인되었으며, 갯벌을 찾는 철새 수도 급격히 늘고 있다. 시화호 수질이 더 이상 개선되지 않고, 안산 주민들이 희망했던 구봉갯벌 습지보호구역 지정을 시에서 거절한 것과는 비교된다. 또한 창원시 자전거 타기 시스템 '누비자'의 성공적인 안착도 본받을 만하다. 무엇보다 중요한 것은 시 정책 결정에 시민들에게 일정한 권한을 부여해 시민들을 참여하게 한 것이 이러한 성공의 배경이라는 점이다. 태국이 개최한 회의에도 공무원 대표단과 함께 전문가 한 명과 시민단체에서 두 명이 참여했다. 이제는 연안 통합관리로 또 다른 발돋움을 하려는 것이다. 창원시 2020년 목표는 세계 최고 환경도시가 되는 것이란다.

순천의
생태도시 만들기

　　순천시는 자연을 잘 관리하는 덕택에 빠르게 발전하고 있다. 순천은 원래 도서관으로 유명한 도시지만 지금은 순천만 갈대밭이 더 많이 알려졌다. 순천 시내를 흐르는 동천은 순천만을 거쳐 여자만으로 흘러든다. 바다와 강이 만나는 순천만은 갈대가 좋아하는 서식지로 아주 넓다. 과거 하구 주변을 농지로 개간하면서 갈대를 제거하고 수로를 축소하자, 장마 때면 하천이 넘쳐 농지가 피해를 입고는 했다. 그러자 사람들은 하천 수로를 좁히고 직강화直降化한 것은 고려하지 않고 갈대 제거를 상책으로 여겨 골재채취까지 했다.

　　이즈음 환경부는 이곳을 보호지역으로 지정하려고 했다. 주민들은 보호지역이 되면 사유재산 이용에 제한이 생길까봐 갈대밭을 불태우면서 반대했다. 불과 2~3년이 지난 후 해양수산부로부터 위임받은 연구원들이 찾아와 순천만 갈대밭이 보호지역으로 지정되면 지역 수익이 증대되고, 자연까지 보호할 수 있다고 주민들과 순천시장을 비롯한 정책 결정자들을 설득했다. 결국 대화가 이루어져 2003년 순천만은 연안습지보호지역, 그리고 곧 국내 최초로 람사르보호구역으로까지 지정되었다. 그 연구팀의 책임자가 글쓴이였다.

보호지역으로 지정되자 사람들은 수려한 갈대밭과 철새들을 찾기 시작했고, 순천시에서는 방문객 편의를 위한 여러 방안들을 찾아 문제점을 개선해 나갔다. 그러자 순천만 경관이 몰라보게 달라지면서 자연스럽게 소문이 나기 시작했다. 처음에는 시큰둥하던 보호지역 인근 주민들도 수입이 늘자 시 정책에 협조했다. 하구의 오래된 식당과 시설들이 보상을 통해 이전하고, 어선들을 관광선박으로 대체하는 등 불과 7년 사이에 많은 변화가 일어났다. 2008년 200만 명, 2009년에는 자그마치 280만 명이 순천만 갈대밭을 찾았다. 주말이 되면 순천시내에서 숙박시설을 구하기가 어려울 정도다.

그러나 이러한 성과뿐만 아니라 지나치게 많은 관광객에 비해 수익은 적고, 자연 파괴의 우려가 있다는 점 등 비난의 목소리도 크다. 순천시는 이런 지적을 겸허하게 받아들이고 문제점을 극복하기 위해 끊임없이 대책을 세운다. 최근에는 흑두루미가 오는 논 주변 전봇대 280개를 뽑아내고, 만과 인접한 장소에 있던 폐기물 적재장을 정리해 약 40만 평을 새로운 인공습지로 조성했다. 그리고 흑두루미가 찾는 논에서 유기농법으로 재배해 생산된 쌀 60톤

전량을 순천시가 구매했다. 그중 일부는 흑두루미 먹이로, 일부는 '흑두루미 쌀' 상표를 붙여 선물용으로 판매했다. 그러자 흑두루미의 도래 수도 매년 늘어났다. 이제 흑두루미는 순천만 상징이 되었고, 시의 새로 교체되었다.

순천만 갈대밭 담당 공무원은 2010년 순천시가 예상하는 관광 수익을 1천억 원으로 예상했다. 이것이 달성되면 많은 시민들에게 이익이 돌아가게 하려는 시의 노력도 보였다. 경제적 수익보다 더 중요한 것은 순천시민들이 자연의 중요성을 깨달으며, 자신이 사는 도시에 대해 커다란 자부심을 갖게 되었다는 점이다. 이것은 결코 돈으로 살 수 없는 것이다.

이 해 순천시는 유엔환경계획이 공인한 비영리기구에서 선정한 15~40만 도시 가운데 가장 살기 좋은 도시 은상을 수상했다. 이것은 지난 2008년부터 '대한민국 생태수도 순천'이라는 전략을 채택해 노력해온 결과다.

안산 대부도는 순천만보다 훨씬 많은 사람들이 찾는다. 시화호 상류에도 순천만 못지않은 갈대밭이 있어 적지 않은 사람들이 온다. 그러나 안산시는 순천시에 비해 방문객들에 대한 관광 정책이나 수익창출 또는 홍보 전략이 미진하다. 자연자산은 주인이 소중하게 여기고 가꿀 때 비로소 빛을 발하고, 오는 사람들도 그 자연을 더 아름답게 느낀다는 점을 기억해야 한다.

울산 태화강이 이룬 기적

2005년 즈음, 울산시장을 만났을 때, 그의 얼굴은 태화강 수영대회를 앞두고 약간 상기되어 있었다. 글쓴이는 20년 전쯤 울산 태화강 하구에서 수중 조사한 적이 있다. 당시 태화강은 완전히 새카맣게 죽은 강이었고, 산업단지에서 배출되던 나쁜 대기와 오염된 산업폐수는 울산시와 시민들을 고통스럽게 했다. 강물 속에서 보고 접촉한 지저분한 광경과 썩은 냄새는 기억하기도 싫을 정도다. 그런 강이었으니 바다에도 도움이 되었을 리 없었다. 강변에서 바라본 하구와 인접한 울산 앞바다도 역시나 엉망이었다.

그랬던 태화강이 2급수가 되었다는 것이다. 당시 최고급 기술을 동원해 강바닥의 썩은 퇴적물을 준설하고, 도시하수와 축산폐수를 처리했다고 한다. 이 과정에서 울산시가 시민들, 민간단체와 소통해 협조를 구했다고 설명하는 시장에게서 커다란 성취감과 강한 자부심이 느껴졌다. 울산은 살기 좋은 도시로 선정되었고, 대기도 개선되었으며, 생태도시의 마스터플 랜도 가졌으니 나름 자랑스러울 만했다. 더 나아가 시장은 태화강에 연어가 돌아 오게 하겠다고 말했다. 하지만 아무도 그 말을 믿지 않는 눈치였다.

그로부터 5년이 지난 2010년 11월, 태화강을 방문했을 때, 정말로 참연어 chum salmon가 눈앞에서 강을 거슬러 올라 오고 있었다. 감격스러웠다. 연어 자체 도 반가웠지만 연어가 돌아왔다는 사실은 강이 완전히 되살아났다 는 증거이기 때문이다. 여전히 회귀율은 낮지만 이제는 연어들을 인공부화하지 않고 상류로 더 올라가게 해서 자연 산란과 수정하 도록 만들겠다는 울산시 공무원의 이야기를 들었다. 나중에 자연 부화해서 바다로 되돌아가고 그래서 태어난 강으로 회귀하게 하는 것이 진정한 강의 복원정책이기 때문이다. 현재 인공부화해서 방 류한 연어의 회귀율이 낮은 이유를 이곳에서 찾아야 할 것이다.

강변은 특별한 공사 없이, 오히려 있는 그대로 두었다고 한다. 아파트 단지 건설로 사라질 뻔한 강변 대숲을 주민들의 강력한 반 대에도 불구하고 시장의 의지로 지켜냈다고 한다. 자갈밭, 풀, 나 무들이 자연스럽게 강과 어울리자 반대하던 주민들이 지금은 도리 어 공원 지지자가 되었다. 시민단체들도 숲 지킴이 역할을 확실히

했다. 시는 땅값을 보상했고, 숲은 잘 지켜져 시민들 공원으로 자리 잡았다.

이제 태화강은 1급수이며, 울산의 상징이 되어 시민들의 사랑을 받고 있다. 강이 살아나자 400종 넘는 생물들이 돌아왔고 물고기가 넘쳐난다. 태화강에서 열린 수영대회에 참가한 공무원은 수영에 방해가 될 정도로 고기가 많았다고 했다. 그리고 강 하구 모래바닥에서는 바지락 치패가 대량으로 나타났다. 이 치패로 남해안 수요량의 70퍼센트 이상을 공급한다고 했다. 또 철새인 갈까마귀 큰 무리가 일시 서식지로 태화강을 선택했다.

생태계 가치는 지역 자부심, 강과 하구에서 나는 수산물, 땅값 상승으로 인한 자산 가치 증대, 맑은 공기와 물, 아름다운 경관과 살아있는 생명으로 따진다. 땅을 파헤치고 큰 건물을 짓는 것만이 도시가 발전하는 것이라고 생각하는 것과 격이 다르다. 이제 안산도 생태환경도시라는 말만 앞세우지 말고 보다 구체적이고 실질적인 목표를 정해 나아가야 한다. 그것이 시민들이 바라는 꿈이자 비전이다.

패시브하우스의
에너지 절약방식

　　패시브하우스passive house란 수동적 에너지 절약 주택이라고 번역할 수 있으나 아직 국내에서 널리 쓰이는 우리말 용어는 없다. 주택에서 에너지를 절약하는 방법은 여러 가지다. 태양열이나 지열 등 외부 에너지를 적극적으로 활용하는 주택을 액티브하우스active house라 하고, 주택 내부 열 유출을 최소화하는 여러 가지 방식을 활용해 화석연료를 사용하지 않고 실내온도를 따뜻하게 유지하는 경우를 패시브하우스라고 한다.

　　얼마 전 서울 광화문 교보생명 본사 사옥을 에너지를 획기적으로 절약할 수 있는 방법으로 리모델링했다는 뉴스를 보았다. 그동안 지하 4층부터 지상 23층이나 되는 대형 빌딩에 입주업체들이 근무하는 가운데 건물 성능을 높이는 재실在室 구조 변경 공사를 완공한 것이다. 공사가 끝난 교보생명 빌딩은 채광과 보온 단열 효과를 크게 높여 에너지절감형 구조로 탈바꿈했다. 건물 앞뒤 외부 창

호는 복층 유리로 바꾸고 내부 천장과 벽체에도 단열재를 새롭게
설치해 단열 성능을 크게 높인 것이다. 뉴스에서는 적외선 열 감지
카메라로 열이 외부로 유출되지 않아 건물이 푸른색을 띠는 것을
화면으로 보여 주었다. 이웃한 다른 건물은 열이 밖으로 새 붉고
노란색을 띠는 것과 크게 대비되었다. 이와 같이 건물 구조를 개선
하는 것도 패시브 방식이다.

　강원도 홍천 미산계곡 끝자락에는 살둔 에너지 제로하우스가
있다. 글쓴이가 고문으로 있는 기후변화행동연구소와 강원도 국제

도시훈련센터가 공동으로 주최한 '에너지 안 새는 집, 어떻게 지을까?'라는 제목의 제1차 저에너지 주택 실현을 위한 훈련과정에 참여하고 견학 차원에서 같은 군에 위치한 한 집을 찾았다. 이 집은 이미 여러 차례 언론에 소개가 된 바 있어 패시브하우스를 건축하려는 사람들에게는 아주 유명하다.

일자형 남향으로 지은 집은 47평 규모이며, 기름이나 가스 등 다른 화석연료는 사용하지 않고 사계절 내내 22도 정도를 유지한다고 한다. 건물 기밀도를 최대화해 내부 공기가 외부로 빠져나가지 않게 하고 햇볕을 적절하게 이용하는 방식으로 이 온도를 유지한다니 방문 훈련생들이 모두 놀랐다. 영하 20도 이하로 내려가는 경우, 흐린 날이 3일 정도 유지되면 실내온도가 내려가지만 이 때 한 번씩 내부 벽난로를 짧게 이용하면 3일간 열이 지속되는 구조였다. 그러나 이런 경우는 1년에 3일 정도라고 하니 기밀도의 중요성을 새삼 알게 되었다. 특수 제작한 난로는 나무가 완전 연소되게 해 내부에 그을음이 쌓이지 않았다.

흐린 겨울날이라 하더라도 사람들이 여러 명 있으면 체온, 발열 하는 TV, 형광등, 조리기구 등에서 나오는 열로도 실내온도 유지가 가능했다. 실내온도가 내려가는 경우는 집을 비울 때 발생한다. 또 실내 공기가 그대로 유지되면 건강에 좋지 않으므로 외부에서 들어오는 찬 공기가 지속적으로 순환해야 한다. 외부 공기가 실내로 들어올 때나 실내 공기가 외부로 빠져나갈 때는 땅속을 거친다. 그렇게 유입된 외부 공기는 실내온도와 가까운 온도로 바뀌므로 공기 온도 상승에도 에너지 비용이 들지 않는다.

집 주인은 건축전문가는 아니지만 집을 연구하면서 관련 서적 천여 권을 읽었고, 많은 시행착오를 거치면서 기술과 경험을 확보했다. 이제는 건축비 절감까지 도모해 많은 사람들이 그가 지은 집을 견학하고 있다.

안산의 건물 대부분은 에너지 기밀도 부분에서 큰 문제가 있다. 겨울에는 에너지 비용을 많이 들이고도 단열이 안 되는 날림 건축이 많기 때문이다. 따라서 에코 시티를 지향하는 안산에서는 에너지 절약뿐만 아니라 가까운 미래에 닥칠 에너지 위기에 적극적으로 대비하기 위해서라도 패시브하우스 건축 방식에 대한 연구가 반드시 필요하다.

도시 속 비오톱

　　서울 명동에 위치한 유네스코 빌딩 옥상에는 몇 년 전 작은 인공생태계가 만들어졌다. 당시만 하더라도 실험적인 시도였는데 자연을 좋아하는 사람들의 제안으로 생겼다. 이름은 '작은 누리'이며 작은 세상 또는 작은 생태계라는 뜻이다. 조경 전문가들은 이런 인공생태계를 비오톱biotope이라고 한다. 비오톱은 그리스어로 생명을 의미하는 비오스bios와 땅 또는 영역이라는 의미의 토포스topos가 결합된 용어로 인간과 동식물 등 다양한 생물종의 공동 서식장소를 의미한다.

　　작은 누리에는 작은 물웅덩이도 있으며 식물 200여 종이 산다. 식재된 것 모두 우리 풀과 나무들이다. 어딘가에서 씨앗들이 날아들어와 자리 잡기도 했다. 웅덩이에는 개구리와 우렁이가 살며, 잠자리 유충도 자란다. 참새와 박새, 직박구리 같은 작은 새들도 날아와 보금자리를 만들거나 쉬었다 간다. 곤충이 사니 먹이를 찾아온 것인지도 모른다. 봄부터는 그늘도 조성되고, 꽃이 피고 나비와

잠자리가 날아와 아름다운 녹색 공간이 된다. 사람들에게는 좋은 쉼터이자 생태교육장으로 활용되기도 한다. 명동은 남산과 종로 일대의 숲 생태축 중간에 위치한다. 그래서 작은 누리는 두 생태계를 잇는 징검다리 역할도 한다.

과천 한국수자원공사 수도권 지역본부 건물 2층과 3층 높이에 맞추어 조성된 습지는 정부종합청사 뒷산인 관악산 자락과 이어져 있다. 건물을 지을 때 이런 점을 감안했는지는 모르겠지만 산에 사는 생물들이 자연스럽게 도시 속으로 들어오는 길을 열어 놓은 것이다. 이렇게 도시에서 건물 일부분이나 옥상을 녹화하는 현장들이 늘고 있다. 잔디를 깔거나 나무 몇 그루를 갖다 놓는 경우도 많다. 그러나 그보다는 비오톱 조성을 권하고 싶다. 생태가 살아있는 공간은 삭막한 도시 경관을 중화하고, 격리된 이웃 생태계들을 이어주며, 도시의 여름철 온도도 낮추어 주는 등 다양한 기능을 하기 때문이다.

브라질 생태도시 꾸리찌바 도심 공원에서는 사람들의 출입을 제한하는 야생동물 보호 지대가 있다. 그 구역에서 생산된 생물들은 이웃 생태 징검다리를 통해 도시 전체로 퍼져나가기도 하고, 거꾸로 다른 곳의 생물들이 피해올 수 있는 안전한 서식지가 되기도 한다. 이러한 야생동물 보호구역은 도시생태계의 안전성과 연결성을 확보하기 위한 장치다. 그래서 인위적으로라도 소생태계 비오톱 네트워크를 구축하거나 생태계 면적을 늘리려는 시도는 도시의 자연성과 생물다양성을 유지하는 대안이 되어 현대 도시계획의 필수 요소로 자리 잡았다.

'생태기반지표'란 건물을 지을 때, 지나친 토지 피복을 막고 토양의 생태적 기능을 높이기 위해 서울시가 개발한 지표다. 건물을 지을 때, 전체 부지 가운데 자연 순환 기능을 가진 면적의 비율을 수치화해 1990년대부터 시행해 오고 있는 독일 '비오톱 면적지수'를 바탕으로 만든 것이다. 서울시는 생태기반지표를 2004년에 시범적으로 적용했고, 2005년부터는 아파트단지를 건설할 경우 민간업체에도 이 기준을 적용하고 있다. 자연생태계인 숲을 1^{100점}, 아스팔트 포장지역을 0^{0점}으로 하고, 이 사이에 존재하는 다양한 토지 이용 유형을 각각 점수화하는 방식으로 지표를 산출한다. 서울시는 주거지역의 경우 0.6^{60점} 이상이 바람직하다고 보고 있다.

이런 시도들은 모두 도시환경을 쾌적하게 유지하고 환경으로 인한 부담을 줄이려는 구체적인 노력이다.

외국에서
배우기

유럽 와덴 해에서
얻은 교훈

　　와덴 해Wadden Sea 3국 장관회의에서 한국 대표단을 초청해 와덴 해에 다녀왔다. 지난해 학술대회에서는 한국과 이들 3국간 갯벌보전 양해각서를 체결했고, 그 후속 조치로 제1회 한-와덴 해 3국 협력체간 공동워크숍을 전남 목포와 신안군에서 개최한 바 있다.

　　와덴 해는 덴마크, 독일, 네덜란드의 서쪽 연안으로 갯벌이 있는 북해의 얕은 바다를 말한다. 세 나라는 공동 사무국을 두고 함께 와덴 해를 관리한다. 이들 국가의 서쪽 해안은 평탄한 저지대에 형성되어, 역사적으로 북해의 거친 파도와 큰 해일 때문에 농토가 침수되고 수천 명이 희생되는 등 피해가 잇달았다. 3국은 자국민들의 희생을 막고 해안을 보호하고자 지난 수백 년 동안 공동으로 바다를 간척해 국토를 확장했다.

　　반면, 바다가 안정되기 이전에 지속적으로 간척한 탓에 해양자원은 크게 감소했다. 와덴 해 관리해역의 전체 넓이는 1만3천500 제곱킬로미터고, 이 중 7천500제곱킬로미터가 갯벌로 우리나라 갯벌의 세 배 정도 되는 규모다. 그런데도 와덴 해 전체 갯벌의 생물상이 우리나라 한 도의 생물상만도 못하니 국토 확장이 마냥 좋은 것만은 아니다.

이에 와덴 해 3국은 1982년 갯벌보전을 위한 구속력을 가진 공동성명을 발표했다. 항로를 제외한 와덴 해 전체를 자연보호구역으로 지정하고, 동식물과 자연경관을 해치는 일체의 행위를 금지했다. 이 과정에 어민들과 주민들의 반발이 적지 않았으나 자원관리를 더 이상 늦출 수 없다는 공동의 인식이 있었기에 보호구역 지정이 가능했다. 1987년에는 공동 사무국이 설치되었고, 같은 해

에 람사르사이트로 지정되었다. 1980년대 후반에는 독일과 네덜란드가 자국의 거의 전 갯벌을 국립공원과 같은 보호구역으로 지정했고, 덴마크도 현재는 자연보호구역이지만 곧 국립공원 지정을 앞두고 있다. 2009년에는 유네스코 세계자연유산으로도 등재되었다. 와덴 해가 전 지구적으로 보호해야 할 소중한 자연유산이라고 국제적으로 인정받은 것이다.

세 나라는 3년에 한 번씩 과학자들이 주도하는 학술대회와 정부의 환경 관련 부서 장관회의를 나누어 개최해 더욱 효과적인 보전과 관리 방안에 대해 논의한다. 어떻게 보면 때늦게 보호와 관리를 추진하는 것이 아니냐는 비난이 있을 수 있지만, 각국 과학자들과 민간단체, 정부 관리자들의 각별한 노력이 성과를 보이기 시작한 것이다.

이들 나라의 각 지방정부들은 와덴 해가 자연유산으로 등재된 것을 관광객 유치에 적극 활용하고 있다. 현재 와덴 해를 찾는 관광객은 연간 1천만 명에 달하며, 관광 수익은 28~53억 유로한화 최대 약 8조 원, 고용 효과는 3만7천900 명이나 된다. 앞서 언급한 대로 한국의 갯벌자원이 훨씬 우수하고, 안산의 대부도 일대를 찾는 방문객은 적어도 연간 700만 명인 점을 감안한다면, 와덴 해와 같은 효과를 누리지 못하는 이유를 찾아야 할 때다. 빠른 시일 내 연안의 체계적인 보호와 관리가 필요하다.

세계자연유산 등재는 해당 국가가 자연자산을 소중히 여기고 지속가능하게 관리하려는 의지와 역량을 공신력있는 국제기구가 인정한 결과라는 점도 알아야 한다. 또한 700만 명에 달하는 방문객의 경제적 효과를 최대화 할 수 있는 정책적인 고려도 시급하다. 자연을 제대로 이해하지 못하고 하는 관리는 관광 효과에도 악영향을 미치기 때문이다.

이런 이유로 주민들이 원했던 연안습지의 보호구역 지정을 해안개발을 명분으로 내세워 막는 것은 큰 문제다. 안산은 생태도시로 자임하는 도시가 아닌가?

콥 텐(COP 10) 회의에
참가하면서

    일본 나고야에서는 제10차 유엔 생물다양성협약 당사국총회가 2010년 10월 18일부터 약 2주간 열렸다. 지구에 살고 있는 생물자원을 잘 보전하고 복원하며, 현명하고 공정하게 이용하려는 모임이다. 당사국은 회원국으로 이해하면 된다. 나고야에서는 이 회의를 '콥 텐COP 10'이라고 한다. 콥COP은 당사국총회Conference of Parties의 약어로, 협약의 회원국을 파티party라 하고 우리나라는 이 용어를 '당사국'으로 쓴다. 명찰에도 정부대표로 온 참가자들은 당사국 대표라는 표식이 있다. 비정부기구, 즉 민간기구 대표는 NGO로 기타 참가자들은 옵서버Observer로 구분해 표시한다.

    이번 생물다양성협약에 참가한 회원국은 모두 190개국이다. 국제적으로 유명한 유엔기구나 NGO의 대표들도 참석해 의견을 개진한다. 우리나라에서는 정부 대표 20여 명과 민간기구 등을 포함해 40여 명이 참가했다. 각국 정부 대표단을 중심으로 이루어지는

총회 의제는 유전자원 이익 공유, 목표 이행 평가, 향후 전략 수립 등 매우 다양하다. 본회의장 주변 여러 회의 장소에서 열리는 부대행사들은 대개 세미나 형태로 열리며, 이번 회의 기간 동안에는 부대행사만 모두 347개나 열렸다. 부대행사는 대개 점심시간이나 저녁시간에 열리므로 참가자들은 총회 외에도 관심 있는 주제의 부대행사를 찾아다니면 된다.

나고야 총회 상징 주제는 '지구 미래를 위해 생명들 간의 화합'이었다. 인류와 지구의 미래를 위해서는 모든 생물들의 공존을 기반으로 해야 한다는 강한 메시지다. 또 하나는 '기후변화'다. 물론 기후변화협약총회가 따로 있어 전면적으로 다루지는 않았지만 대부분 회의나 세미나의 기저에는 기후변화 위기와 이에 따른 생물들이나 생태계의 적응에 어떻게 대처할 것인가에 대한 내용이 깔려 있었다.

한 가지 주제를 더 들자면 '지역사회의 역할'이다. 전문가나 공무원들이 아닌 지역사회가 지구환경과 변화에 대해 바르게 이해하고 적극적으로 보전활동에 참여하는 것이 무엇보다 중요하기 때문이다. 그래서인지 지역사회의 이해 증진이나 교육과 관련한 주제의 모임도 많다. 이 주제는 지역의 생물다양성을 보전하고 그 이익이 지역으로 되돌아오게 하는 방안에 대한 것들이다.

안산을 예로 들어보자. 안산은 환경생태도시를 표방한다. 그러므로 지구환경변화와 변화를 걱정하는 이들이 주고받는 협약의 주제와 전략을 이해할 필요가 있다. 그전에 먼저 과거 안산에 살았거나 현재에도 살고 있는 생물들과 지역 주민들의 삶이나 문화가 어떤 연관이 있는지 알아야 한다.

또한 지구 북반구 중위도권에 가장 큰 영향을 미치는 지구온난화는 결국 강수량 증가와 여름이 길어지는 현상으로 이어지는데, 이에 대한 대비도 필요하다. 이미 여름이 4~5개월로 늘어났다는 것은 누구나 피부로 느끼고 있다. 이를 고려한다면 광덕로처럼 새로운 보도에 가로수를 심을 때도 긴 여름과 높은 기온을 감안해 나무의 잎사귀가 넓게 퍼지는 수종을 선택해야 한다. 그래야 나무들이 그늘을 조성하기 때문이다. 이 나무가 과거에 안산에 살았던 종이면 더욱 좋다.

이렇게 국제회의에서 논의하는 내용과 한 국가, 일개 도시는 전혀 무관하지 않다. 회의 흐름과 결과가 각 회원국의 국가정책으로 반영되기 때문이다. 결국 이런 정책을 이해하고 지역사회가 얼마만큼 수용하느냐에 따라 지구의 미래가 달려 있다.

자전거의 천국,
네덜란드

　　네덜란드의 작은 섬, 텍셀의 한 가정집을 방문한 적이 있다. 노인 두 분이 사는 곳이었는데 자전거가 무려 열다섯 대나 있었다. 그 중 대여섯 대는 손자용이라고 했지만, 1년에 한두 번 온다는 손자가 여기에만 자전거를 두었을 리가 없었다. 세계적인 여행서 『론리 플래닛』 네덜란드 편에는 자전거 타기에 대해서만 여섯 쪽에 걸쳐 소개하고 있다. 내용을 보면 전국에 자전거가 1천6백만 대 있는데, 네덜란드 인구가 1천6백만 명에 가까우니 자전거가 인구보다 더 많은 셈이다. 사람들이 저마다 자전거를 한 대 이상 소유하고, 암스테르담에만 50만대가 있다고 한다. 수상이나 시장 등 고위 공직자들 중에서도 자전거로 출퇴근하는 이가 많다.

　　네덜란드 모든 교통 거점에서 '렌트 어 바이크Rent A Bike'라는 간판을 쉽게 발견할 수 있으며, 전국에 자전거 대여점이 4만 곳이 넘고, 관광지의 대형 자전거 대여점의 경우, 확보하고 있는 자전거 수

가 무려 1천 대가 넘는다고 한다. 암스테르담 중앙역 광장에는 자동차 주차장은 눈에 띄지 않고 4층이나 되는 거대한 자전거 주차 건물이 있다. 주차해 놓은 자전거가 줄잡아 2천 대는 넘어 보였다. 시민은 물론 여행객들도 자전거를 타니, 늘 붐비는 네덜란드 역에서는 흔히 볼 수 있는 현상이다.

이 나라의 전국 어디에나 차선과 평행한 자전거 선이 있고, 자전거 신호등도 있다. 특히 출근 때는 자전거 선에 자전거가 가득해 교통체증이 일어날 정도다. 그래서 건널목이나 교차로에서는 팔을 어깨 높이로 들어 자신의 진행방향을 표시해 교통사고를 방지한다. 그리고 차와 자전거 중에 자전거를 먼저 배려해주는 광경을 곳곳에서 볼 수 있다. 이처럼 네덜란드에서는 자전거가 자동차만큼 중요하게 취급된다.

이곳 사람들 패션이 자전거 생활에 초점이 맞춰져 있다는 것 또한 이색적이다. 젊은이들 대부분 청바지나 두꺼운 바지에 후드가 달린 짧은 윗옷 차림으로 자전거를 탄다. 비가 많이 오고 일기 변화가 심한 곳이라 방풍이나 방수가 되는 옷을 선호하는 것이다.

푹신한 방석으로 안장을 꾸민 자전거, 어린이용 좌석이 따로 달린 자전거, 자전거에 붙은 유모용 인력거, 하물 운반용 자전거, 누워서 타는 자전거 등 쓰임새에 따른 자전거의 종류도 천차만별이다. 일반 자전거에도 뒷부분에 걸치는 가지각색의 주머니 가방이 있으며, 보통 서류나 쇼핑한 물건, 배달할 신문을 담는다. 이처럼 네덜란드에는 자전거 문화가 별도로 존재한다.

네덜란드는 본디 경치가 아주 좋은 곳이 아니었다. 유럽에서도 사람 살기에 가장 거친 환경이었다. 해안습지 주변 삶은 척박했고, 드센 파도와 해일은 반드시 극복해야 할 생존의 문제였다. 해일로 수만 명씩 죽는 사고가 거듭되자 방조제를 쌓는 간척사업을 오랜 세월 동안 진행해 오늘날 네덜란드가 완성되었다. 그러다보니 네덜란드는 자전거 타기에 최고인 평평한 국토가 된 것이다. 전화위복이라고 할까. 이제는 자전거가 최고 관광 상품이 되어 네덜란드 관광산업에 큰 비중을 차지하고 지구 환경보전에도 기여하니 일거양득인 셈이다.

안산에도 작은 산이 있지만 대체로 평지이고, 대부도 섬 환경도 네덜란드와 크게 다르지 않다. 그러니 자전거 도로를 개선해서 대부도까지 연결하고, 고잔동 두물머리에서 대부도로 가는 자전거 페리를 만들면 안산은 자전거 고장이 될 수 있다. 앞으로는 형식적인 구호로만 자전거를 권하는 게 아니라 본격적인 자건거 타기 문화를 제안하고 싶다.

시화호와
하치로카타 농경지

　　눈의 고장 일본 아키타는 드라마 〈아이리스〉의 배경으로 등장해 우리나라 사람들에게 유명해진 고장이다. 북한 강원도 원산 정도의 위도지만 추위는 서울과 비슷하다. 이곳에 눈이 많이 내리는 이유는 열대해역에서 해안을 따라 북상하는 난류에 동반하는 따뜻한 기류와 대륙성 찬바람이 만나기 때문이다. 글쓴이가 아키타에 갔을 때도 매일 눈이 내렸다.

　　지인의 제안으로 아키타 근방 간척지를 방문했다. 간척지는 과거에 하치로카타八郞潟라는석호였던 곳이었다. 석潟은 갯벌을 뜻하며, 석호에도 이 '석' 자를 쓴다. 바닷물이 들고 나는 자연호수라는 의미다. 크기는 비와호琵琶湖* 에 이어 일본에서 두 번째로 큰 호수다. 호수 변을 따라 일정한 공간을 남겨두고 둑을 쌓은 다음 그 안의 물을 빼내 농지로 만들고 그 가장자리를 담수호로 만들었다. 둥그스름한 사각형이었던 원 호수는 초승달 모양의 수면만 남겨놓고

---

* 비와호(琵琶湖)는 일본 시가현(滋賀縣) 중앙부에 있는 일본 최대의 호수이며, 비와호 면적 673.9제곱킬로미터는 시가현 전체면적의 6분의 1을 차지한다.

나머지는 간척되어 논이 되었다. 하치로카타는 일본에서 18번째로 축소된 간척호수이며, 새만금 간척사업의 모델이기도 하다. 식량이 절대적으로 부족했던 1950~60년대부터 간척사업이 시작되어 1970년대에 마무리되었다고 한다.

간척지는 아키타에서 약 40분 거리에 있다. 간척지역으로 들어서자 평탄한 벌판이 끝없이 펼쳐졌다. 220제곱킬로미터나 되는 엄청난 면적으로, 일본에서 세 번째로 쌀 생산량이 많은 곳이다. 드넓은 간척지 중간부에는 아키타 지역에 살던 농민들이 이주해서 만든 간척촌 오카타무라大潟村가 있다. 거대했던 석호는 이제 바다와 차단되어 민물 호수가 되었다. 호수에서는 겨울철새들을 볼 수 있고, 호수 주변에는 생태계공원이라는 환경교육 시설도 있다.

이곳 농민들은 한국 사람들에게도 익숙한 쌀 아끼히까리와 나중에 더 뛰어나다는 평가를 받은 새로운 품종 아키타코마치를 생산했으며, 아키타코마치는 일본 최고의 쌀이 되었다. 그래서 아키타는 쌀과 그 쌀로 만든 사케淸酒가 유명하다. 현지에서 본 간척촌은 거친 삭풍에 노출되어 아직도 바람이 거센 사구와 석호 환경을 완전히 극복하지 못한 것처럼 보였으나, 혹독한 간척지로 이주해 와 간척사업과 간척촌 건설에 나섰던 가난한 농민들의 노고와 애환이 느껴졌다.

아키타에서 하치로카타로 가는 길 상당 부분은 사구 위에 놓인 해안도로였다. 그래서인지 해안은 지속적으로 침식되는 듯했다. 모

래해안과 사구에는 여러 형태의 모래 포집 시설들이 많았다. 이 모래 집적 시설을 보면서 안산의 구봉도를 떠올렸다. 구봉도에는 해안사구 해송림 지대가 침식으로 파괴되는 현장이 오랫동안 방치되어 있었다. 침식이 진행되자 앞 열의 여러 소나무는 이미 넘어져 버렸고, 이후 누군가가 타이어나 모래주머니로 막아 보았지만 침식 방지에는 별 효과가 없었다. 뒷열의 소나무들도 이제는 뿌리를 드러내고 있어 구봉도 해안 전체 안전까지 걱정될 정도다. 하치로카타로 가는 길에서 본 모래 집적 방식이 반드시 정답은 아닐지라도 구봉도의 침식을 더 이상 미룰 수 없다는 생각이 들었다.

또 시화호 남쪽 간척지의 서쪽 지역은 농경지로 조성하는 것이 간척의 주목적이었지만 간척이 끝나고 오랜 시간이 지났는데도 농경지 조성에 적극적이지 않고, 향후 대책도 없어 보인다. 대책이 있다 하더라도 실행을 예측할 수 없다. 새만금처럼 농지조성을 내세워 간척사업을 벌였다가 슬그머니 도시 건설이나 항만 건설로 바꾸면 안 될 것이다. 간척사업을 위해 누대로 해왔던 어업 터전을 내놓은 어민들에게는 배신행위가 될 수도 있기 때문이다. 간척 농경지가 조성되어 땅을 기대하는 농민들에게 멋진 농산품을 만들 기회가 제공되길 바란다.

새로운 부두개념이
해안도시의 발전을 이끈다

　　미국 샌프란시스코를 여행한 사람은 서티 나인 피어^{39번 부두}를 대부분 다녀왔을 것이다. 이곳에서는 샌프란시스코 항의 전경이 보이고, 금문교를 비롯해 여러 볼거리와 수많은 살거리, 먹을거리가 있는 최고 관광 명소다. 최근 방문한 관광객들은 이곳을 해안의 고풍스러움을 유지하면서도 새로운 관광단지를 만든 성공적인 해안 개발 사례로 여길 수도 있다.

　　샌프란시스코는 1970년대 이전 해안 개발 광풍이 불었을 때 지금의 도시 형태가 갖추어졌다. 그 당시에 이 서티 나인 피어는, 주로 큰 어선들이 정박해 수산물을 하역하고 출어 준비를 하던 평범한 부두였다. 그러나 개발 과정에서 해안습지와 같은 자연생태계가 대부분 사라지고 파괴되었다. 인근 해역의 수산자원은 해안 서식지를 잃고 남획이 심해지면서 사라졌고, 샌프란시스코보다 더 바다와 가까운 곳에 어항이 생기자 도심 근처에는 큰 어항이 더 이상

필요하지 않게 되었다. 1950년대부터 발생한 수산업 위기는 곧 해안도시의 위기이기도 했다. 위기를 잘 극복한 도시들에게도 도심 가까이에 있던 낡은 시설은 도시 발전에 거추장스러운 것이었다.

    샌프란시스코 시의 미래를 꿈꾸는 사람들은 도시의 방향을 크게 두 가지로 정해 이에 따른 계획을 추진해 나갔다. 하나는 해안

생태계를 복원하는 길이었다. 폐기물이 쌓여 방치된 해안가나 관리하지 않아 외래종들이 무성한 습지들을 복구하며 지역 고유종들을 되가져와 해안 습지를 복원하는 것이다. 다른 하나는 기존 부두를 해안 관광 명소로 리모델링하는 것이었다. 1970년대 후반부터 39번 부두 근처에서부터 시작했으며, 계획이 성공하자 상업지역 주변으로 크게 확대했다. 이제 이 부두는 관광 명소가 되었다. 부두에는 박물관, 수족관 같은 시설과, 다양하고 개성 있는 식당들과 가게들이 들어서 관광객들을 만족시켰다.

이곳은 예전부터 계절에 따라 부두를 찾던 바다사자들을 잘 보호하기 시작해 개체수도 늘어났다. 이 바다사자들이 지금은 샌프란시스코의 명물이 되었으며 연중 머무는 개체도 생겼다. 이들 덕분인지는 모르겠으나 해양포유류 전문 기관도 이곳에 있다. 뿐만 아니라 39번 부두에서는 예술가들이 수시로 공연을 열어 방문객을 즐겁게 한다. 이런 공간을 워터프런트waterfront라고 하며, 대게 큰 강이나 호수, 바다와 도시가 접한 해안가를 말한다. 자연 해안을 이렇게 부르지는 않는다.

이처럼 부두 또는 해안을 변화시켜 성공한 사례가 많다. 시애틀도 59번 부두에 수족관을 만들고 주변을 유람선 선착장과 식당, 기념품 판매소 등으로 꾸며 유명 관광지로 변화시켰다. 시애틀 워터프런트의 성공 요인은 예전 부두를 유지하면서도, 새로 생긴 관광지들이 재래시장, 수산물 가게와 절묘하게 조화를 이룬다는 점이다. 미국 동해안 볼티모어도 비슷한 방식으로 변화를 추구해 도시 이미지를 개선하고 동부 최대 해안 관광지 중 하나가 되었다.

안산에서는 이전 사리 포구가 이러한 변화를 시도할 수 있는 최적의 장소였다. 그러나 개발자들이 사리 포구를 없앴을 때 시에서는 아무런 이의를 제기하지 않았다. 이제 안산에서 남은 부두는 방아머리 일대와 새롭게 형성될 MTV 지역 해안이다. 이곳만은 더 이상 개발자에게 맡겨서는 안 된다. 새로운 부두와 해안이 우리 도시의 미래이기 때문이다.

유럽의 텍셀섬
따라하기

　　유럽의 갯벌은 와덴 해 갯벌로 대변된다. 규모면에서도 아주 크지만, 덴마크, 독일, 네덜란드 3국이 공동 관리하는 것으로도 유명하며, 지역 환경보전 협력사업의 모범사례로 잘 알려졌다. 독일은 해안 전 갯벌을, 네덜란드는 상당 부분을 국립공원으로 관리하며, 덴마크는 올해 안에 국립공원으로 지정할 예정이다. 또한 와덴 해 갯벌은 세계자연유산이자 람사르보호구역으로도 지정되어 세계적으로 지명도가 높다.

　　텍셀섬은 와덴 해 해안을 따라 늘어선 섬들 중 가장 남쪽에 있다. 길이 25킬로미터, 폭 9킬로미터이니 대부도의 세 배 정도 크기다. 이 섬은 예전에 두 개의 모래섬이었다. 본디 낮은 사구가 육지 쪽으로 나 있고, 바다 쪽으로 넓은 염습지가 있었으며, 숲은 아예 없었다. 모래바람은 늘 거셌고, 땅은 척박했으며, 살만한 면적은 절대 부족했다. 게다가 가끔씩 들이닥치는 해일과 강한 파도 탓에 가족이나 이웃을 잃는 일도 잦았다. 바다일밖에 할 수 없는 상황이어서인지 사람들은 섬을 떠나지 않고 거센 자연에 도전하면서 섬을 변화시켜 나갔다.

사구에 소나무와 사구식물들을 심어 바람에 모래가 쓸려가지 않게 했다. 그러자 사구는 높아지고 한쪽 해안선이 안정되어 갔다. 해일이 밀려오는 반대쪽 해안에서는 염습지를 확대하는 일을 추진했다. 염습지가 충분히 확대되면 안쪽은 농토로 만들고 다시 확대하기를 수백 년 동안 반복했다. 이 확장 방식은 오늘날 습지 복원기술로 쓰이고 있다. 염습지를 넓혀가는 과정 중에 두 섬은 하나가 되고, 전체 면적이 두 배 가까이 넓어졌으며, 농토와 사구습지를 통해서 다량의 수자원도 확보하게 되었다. 한편 혹독한 자연환경을 사람들과 함께 버텨냈던 가축이나 곡물은 가장 강한 품종이 되어, 양과 감자 같은 경우는 종양이나 씨감자로 수출할 정도다. 자연을 극복하면서 자연의 혜택을 받은 것이다.

역경을 이겨낸 이 섬은 현재 네덜란드 해안에서 가장 아름다운 마을이자 관광객이 가장 많이 찾는 곳으로, 주민들 삶의 질도 높다. 텍셀섬은 인공 자연이지만 그것을 잘 보전하면서 활용하는 관광산업을 추구한다. 관광객들은 이곳에서 자전거를 타고, 모래사구를 걷고, 습지에 온 새들을 보면서 여가를 즐긴다. 이런 생태관광의 중심에는 에코마레라는 방문객센터가 있으며, 직원 60명이 30만 명이나 되는 탐방객을 안내한다. 방문객센터로는 비교적 큰 규모인데도 입장료 수입만으로 흑자를 낸다니 대단하다. 이곳 직원들은 관광객들이 자연을 해치지 않고도 즐기는 방법과 자연을 사랑하는 방법을 직간접적으로 알려주는 일을 한다.

훨씬 좋은 여건을 가진 대부도가 눈여겨보아야 할 대목이 많다. 자원을 훼손시키지 않으면서 지속적으로 수익을 올리는 방법을 배워야 한다. 대부도가 수도권 국민들에게 사랑받는 아름답고 잘사는 섬으로 거듭나길 기대한다.